MAKOM

Zeitgenössische Kunst aus Israel

MUSEUM MODERNER KUNST
STIFTUNG LUDWIG
WIEN

Die Ausstellung steht unter der Schirmherrschaft von S. E. Peter Aran, Botschafter des Staates Israel, Vizekanzler Dr. Erhard Busek und Bundesminister Dr. Rudolf Scholten.

Wir danken für die Unterstützung Yossi Frost, Hermona Gronau, Doron Grossman, Shmuel Hadas, Ewald Judt, Amnon Mader, Doron Sabag, Tzvia Shahar, Michael Sternberg und der Botschaft des Staates Israel sowie den Sponsoren der Ausstellung: Bundesministerium für Wissenschaft und Forschung, Bundesministerium für Unterricht und Kunst, Kulturamt der Stadt Wien, Hotel Vienna Plaza, Austrian Airlines, Eurocard/Master Card.

Ausstellungskonzept:
Lóránd Hegyi

Ausstellungsorganisation:
Miryam Charim, Edwin Lachnit

in Zusammenarbeit mit Doron Grossman und Doron Pollak

Katalogkonzept:
Lóránd Hegyi, Edwin Lachnit

Katalogredaktion:
Edwin Lachnit, Sophie Haaser

Gestaltung und Produktion:
Werner Hirn

Druck:
»atlas«, 2203 Großebersdorf

ISBN 3-900776-45-8

MAKOM

Zeitgenössische Kunst aus Israel

IDO BAR-EL
NURIT DAVID
GIDEON GECHTMAN
TAMAR GETTER
URI KATZENSTEIN
MOTTI MIZRACHI
MOSHE NINIO
SIGAL PRIMOR
DANIEL SACK
DAVID SHVILI
MICHA ULLMAN

Ausstellung im Museum des 20. Jahrhunderts
27. April bis 13. Juni 1993

INHALT / CONTENTS

Lóránd Hegyi

Neue Kunst aus Israel

Kunst in Israel: ein völlig unbekanntes, oft mystifiziertes, kunstgeschichtlich nicht aufgearbeitetes und in die westliche Kunstentwicklung nie integriertes Gebiet der Gesamtkunst des 20. Jahrhunderts. Kunst in Israel: eine Terra incognita, deren Beginn - entweder mit der Staatsentstehung Israels oder mit der intellektuellen Entwicklung der jüdischen Kunstschaffenden in den zwanziger und dreißiger Jahren, also schon vor der Staatsgründung - ebenso undefiniert ist, wie die Kunstsituation der Gegenwart. Ist der in Argentinien geborene, für eine gewisse Zeit in Tel-Aviv lebende, derzeit in New York arbeitende und in Philadelphia wohnende Installationskünstler Osvaldo Romberg ein israelischer Künstler, ein Mitgestalter der Kunstszene Israels, oder ist er ein mehrmaliger "Emigrant", ein "ewiger Wanderer", der zwischen Kontinenten und Staaten, zwischen Religionen und Sprachen eine Brücke baut, oder - wie viele andere Künstler auch - ein unruhiger, offener, sensibler Mensch, der seine Arbeit und sein Leben in diesem Kontext der fruchtbaren Offenheit und ständiger Positionswechsel entfaltet? Ist ein in Israel geborener, in Paris lebender und arbeitender Künstler wie Absalon ein Künstler aus Israel, ein israelischer Künstler, oder ein französischer Künstler israelischer Abstammung? Israelische Künstler französischer, deutscher oder russischer Abstammung gibt es viele; niemand ist überrascht, das in den Biographien zu lesen. Umgekehrt ist es noch immer ungewöhnlich, erstaunlich: französischer Künstler israelischer Abstammung - gibt es das? Daran läßt sich ablesen, wie mystifiziert die israelische Kunst, die Kunstsituation in Israel noch immer betrachtet wird, wie schwer es ist, ohne Vorurteile, ohne falsche Verallgemeinerungen, ohne Klischees über die Kunst in Israel zu sprechen. Schon die schwierige Entscheidung, ob man "Kunst in Israel" oder "israelische Kunst" sagt, zeigt die Kompliziertheit dieses, die ganze Ausstellungskonzeption betreffenden Problems. "Israelische Kunst" suggeriert, daß es etwas Homogenes, etwas Kohärentes, eindeutig Spezifisches, sofort Erkennbares gibt, daß man diese Kunst anhand von bestimmten, charakteristischen formalen und inhaltlichen Momenten leicht identifizieren kann. Vergleicht man die Malerei von einem Moshe Gershuni oder einem Moshe Kupferman mit der Land-Art und Installationskunst von Kadishman, so versteht man die Skepsis des Kunsthistorikers, die vielfältige, heterogene, reiche Gesamtsituation der Kunst in Israel als ein homogenes Bild zu betrachten. Eine falsche, naive, ahistorische und irreführende Homogenisierung widerspräche nicht nur den kunstgeschichtlichen Tatsachen, die auf eine sehr komplexe, oft widersprüchliche, von den unterschiedlichsten Faktoren, sprachlichen, kulturellen, religiösen und politischen Momenten determinierte Entstehungsgeschichte zurückblicken, sondern auch den allgemeinen und sehr wesentlichen Interessen der Künstler in Israel, deren Œuvre endlich in die internationale Kunstszene integriert, und nicht von ihr isoliert werden sollte. Diese Ausstellung der zeitgenössischen Kunst aus Israel stellt nicht nur reines "Informationsmaterial" zum Thema dar, sondern vor allem den Versuch, eine Basis für eine seriöse und wissenschaftlich solide Integration der Kunst in Israel in die Weltkunst zu schaffen.

Die Auswahl der Teilnehmer dieser ersten Ausstellung der Gegenwartskunst Israels versucht ein repräsentatives Bild der neuen, zeitgenössischen Situation der Kunst in Israel zu entwerfen, ohne historische Rückblicke, frei von entwicklungsgeschichtlichen Überlegungen; ein frisches, neues, unkonventionelles Bild der aktuellen Kunstsituation, in der die radikalen künstlerischen Positionen unterschiedlicher ästhetischer Auffassungen, unterschiedlicher Zielsetzungen und unterschiedlicher Wertvorstellungen ihre souveränen Formen und Statements entfaltet haben. Die vorliegende Auswahl versteht sich nicht als "Nationalausstellung", nicht als Gesamtaufnahme der israelischen Kunstentwicklung, sondern als Präsentation einer Gruppe von Künstlern, die sich in ihrem Œuvre auf die Sprache der Objekte und auf die Frage der Funktionsbestimmung der Kunst konzentrieren; auf Fragen, die die Künstler in New York oder in Wien ebenso beschäftigen wie in Tel-Aviv. Die neue, aktuelle Kunst in Israel ist von Diskussionen über die sprachlichen Möglichkeiten der künstlerischen Kommunikation bestimmt. Die neue Objekt- und Installationskunst, die im Zentrum dieser Ausstellung steht, zeigt klar und deutlich die verschiedenen Definitionsversuche, welche das Kunstwerk gleichzeitig auf unterschiedlichen Interpretationsebenen bestimmen. Diese unterschiedlichen Bedeutungsebenen sind auf unterschiedliche Funktionsbestimmungen und inhaltliche Kontexte bezogen.

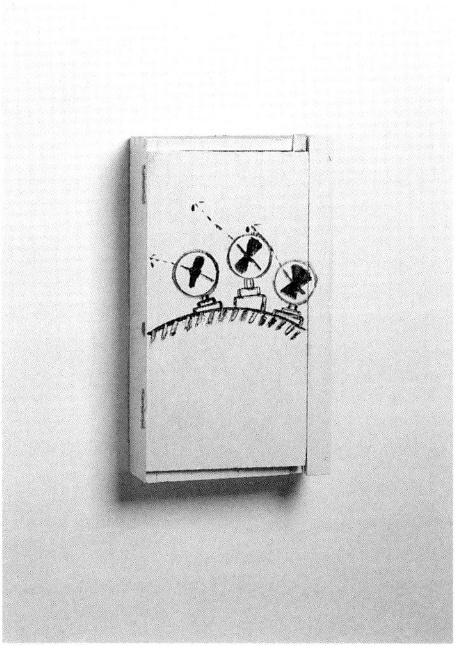

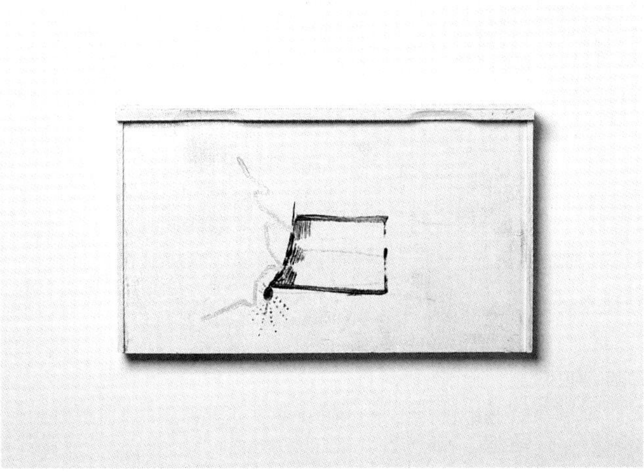

Ido Bar-El

Obwohl die drei älteren Teilnehmer der Ausstellung, Micha Ullman, Gideon Gechtman und Motti Mizrachi völlig unterschiedliche Formsprachen benutzen, gibt es doch inhaltliche Momente, die ihre Kunst miteinander verbindet. Die Betrachtung des Objektes als eines komplexen, vielschichtigen, oft widersprüchlichen Bedeutungssystems, welches gleichzeitig individualmythologische, soziologische und kulturgeschichtliche Inhaltsebenen aufweist, sowie die symbolische Bedeutung der stark betonten Materialität und eine verborgene Monumentalität verbinden ihre Tätigkeit.

Micha Ullmans Gegenstände lassen sich einerseits als verkleinerte Ausgrabungen, als Land-Art-Kompositionen, als archäologische Forschungsfelder, anderseits aber auch einfach als Möbelstücke interpretieren. Es handelt sich um mit Glasplatten bedeckte Tische oder Vitrinen: Präsentationsmöbel, Gebrauchsgegenstände für ganz konkrete Funktionen. Ein Tisch kann als Möbel beim Essen dienen, er kann aber auch als Altar eine - mit der alltäglichen, utilitaristischen Funktion des Eßtisches symbolisch verbundene - rituelle, sakrale Funktion erfüllen. Eine Vitrine dient der Präsentation von etwas Wertvollem, das man mit der Glasplatte schützen möchte. Dies bedeutet die Verbindung von etwas Praktischem mit etwas Nützlichem: man schützt seine Werte, die man aber gleichzeitig auch gerne zeigt.

Wenn also Micha Ullman in seinen Vitrinen Sand und Erde präsentiert, so bedeutet dies etwas Wertvolles, etwas Rituelles: die kleinen Hügel und Gräben im Sand entstehen durch einen symbolischen Akt, nämlich durch die analogische Nachahmung - Wiederholung, Imitation - des Essens, der Zeremonie des Eßritus. Die im Sand versteckten Besteckteile (Löffel, Gabel) und ihre Spuren, die einmal einen Hügel, einmal einen Graben bilden, rufen verschiedene Assoziationen - wie Begräbnis oder Ausgrabung, Verbergen und Wiederfinden - hervor. Wie Fundstücke in der Wüste liegen Löffel und Gabel unter der Erde, unter dem Sand, und provozieren beunruhigende Fragen: warum sind sie da? Seit wann sind sie da? Was war vorher? Was war ihre Funktion, in welchem Kontext fungierten sie einmal? Aus der Präsentation einer "räumlichen Situation" resultiert eine Fragestellung; die Gegenstände und ihre räumliche Umgebung werden in einem - rituellen - Möbel, in einem "Rahmen" präsentiert und gleichzeitig wird ihre Existenz, ihre Funktion, ihre Sinnhaftigkeit hinterfragt. Einerseits bekommen die Gegenstände durch die Präsentation in einer Vitrine eine Bedeutung - dies ist eben die ästhetische Umdeutung -, anderseits aber werden sie eben wegen ihrer für den Betrachter nicht bekannten, nicht erkennbaren Bedeutung in dieser Form präsentiert. So wird der logisch-kausale Zusammenhang gestört, Funktion und Form miteinander konfrontiert und zutiefst in Frage gestellt. Die formale Einfachheit, Bewegungslosigkeit, die zeitlose Monumentalität der sachlich-kühlen Präsentation schaffen ein archetypisches Bild des Objektes.

Gideon Gechtmans Objektkunst thematisiert individualmythologische und historische, soziologische Kontexte zugleich. Seine Arbeiten sind von einer verborgenen Körperbezogenheit bestimmt: alle Formen stehen mit dem menschlichen Körper beziehungsweise mit dessen Funktionen - oder Funktionsstörungen - in Verbindung. Einerseits erinnern seine perfekt erzeugten, kühlen Objekte an Gegenstände aus Krankenhäusern oder Laboratorien, anderseits imitieren sie Maschinen, Geräte und Verkehrsmittel, die eine absurde, irritierende Verbindung zwischen zeremoniellen - funeralen - Kultobjekten und nützlichen, banalen Gebrauchsgegenständen darstellen. Dadurch entsteht eine komplexe, mehrschichtige Bedeutungsstruktur: Die merkwürdigen, nicht identifizierbaren, rätselhaften Objekte werden als Gegenstände einer perfekten, technisierten Welt interpretiert, wobei die Perfektion gleichzeitig negative und positive Konnotationen hervorruft. Aber die Körperbezogenheit läßt den Betrachter nicht in Ruhe, sie stellt eine Herausforderung dar, die merkwürdige Beziehung zwischen Körper und Objekt, zwischen Bewegung und Gegenstand, zwischen Funktion des Körpers und Funktion der Maschine selbst zu recherchieren. Diese Untersuchung beschränkt sich nicht auf einen Kontext ohne soziologische Faktoren: Gideon Gechtman "sozialisiert" diese Irritation, er errichtet einen Kontext der möglichen Referenzen, die das plastische Phänomen im Beziehungsumfeld der Vermarktung, der Verehrung, der zeremoniellen Beachtung oder der hierarchischen Wertsysteme konkretisieren. So werden die Hinweise auf die eigene Geschichte (Krankheit, Todesangst, Holocaust) in einen breiten, soziologischen Kontext der gesellschaftlichen Funktionsbestimmungen - beziehungsweise Funktionsstörungen eingebettet.

Ein ähnlicher inhaltlicher Hintergrund bestimmt die Objektkunst von Motti Mizrachi. Obwohl er die Körperbezogenheit der Gegenstände noch stärker betont, entfernt er sich noch weiter von den individualmythologischen Momenten und versucht auf eine archetypische Bedeutungsebene zu gelangen. Kampf, Metamorphose, die Auseinanderset-

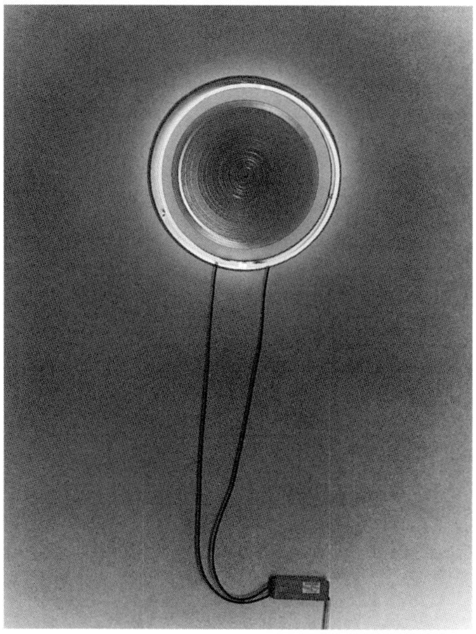

Motti Mizrachi

zung mit der Problematik der Behinderung, der Geschlossenheit, der Gebundenheit, wogegen er alle ästhetischen Mittel zu mobilisieren versucht, der ewige Prozeß der Selbstbefreiung, die er gleichzeitig mythisiert und banalisiert, bestimmen seine Kunst. Motti Mizrachis Objekte sind schwer, depressiv, oft auch aggressiv, aber sie beinhalten immer ein Moment der Auflösung, ein Hoffnungspotential der Umwandlung beziehungsweise Selbstbestimmung. Narrativität und Monumentalität, Ironie und Bitterkeit, selbstkritische Ambivalenz und archetypische Seriosität, ein fast atemberaubendes Ewigkeitsgefühl und das Bewußtsein der Vergänglichkeit verbinden sich in seiner Kunst, die immer ein uraltes, archetypisches Bild, eine tief verborgene Vorstellung unserer Existenz thematisiert, in einer Form, die aus den banalsten und zugleich merkwürdigsten und überraschendsten Objekten und Gegenstandsfragmenten entsteht.

Während bei den älteren Teilnehmern an der Ausstellung die individualmythologischen und historischen Momente die formalen und sprachlichen Untersuchungen stark bestimmen (Micha Ullman, Gideon Gechtman, Motti Mizrachi), versuchen die jungen Künstler entweder kunstgeschichtliche Konnotationen miteinzubeziehen (Sigal Primor: Duchamp-Interpretationen; Tamar Getter: Bauhaus- und Oskar Schlemmer-Zitate), oder die unterschiedlichen Materialien, Techniken, Gegenstandsdetails kulturbezogen, als kultursoziologische Indexe zu interpretieren (Moshe Ninio). Physische und chemische Prozesse werden körperbezogen (Daniel Sack) oder expansionistisch, als "Verlängerung des Körpers", als "Körper-Maschinen" umgedeutet (Uri Katzenstein).

Die Objekt- und Installationskunst von Uri Katzenstein ist ein prägnantes Beispiel für die gegenseitige Beeinflussung von Performance-Kunst und Musik einerseits und Objektkunst anderseits. Katzenstein macht Musik und Musikperformances mit der Gruppe PANTA RHEI, wobei er skulpturartige Objekte, die gleichzeitig als Musikinstrumente und als künstlerische Objekte fungieren, auf seinem eigenen Körper trägt. Die Bewegung des Körpers wird von den Objekten eingeschränkt und gleichzeitig als tongenerierendes, musikschaffendes Moment eingesetzt - ein schönes Beispiel für eine späte Nachfolge der futuristischen Gesamtkunstwerksideologie und des dadaistischen Expansionismus.

Die wenigen Maler, die an der Ausstellung teilnehmen, vertreten völlig unterschiedliche Positionen, die aber auch einige gemeinsame Momente aufweisen: einerseits die Betrachtung des Bildes als Bildobjekt, anderseits die Ablehnung der expressiven, selbstdarstellenden, emotionellen Funktion des Bildes. Sie interpretieren ihre Bilder einerseits als Untersuchungen der bildnerischen Funktionsbestimmung (David Shvili mit der Gegenüberstellung unterschiedlicher Bilddefinitionen), anderseits als "Collage" oder "Mosaik" unterschiedlicher Bildelemente, die sich auf andere Erfahrungsebenen beziehen (Nurit David). Oder sie deuten das Objekt zum Bild um, das heißt zur abbildungtragenden Oberfläche (Ido Bar-Els narrative Gegenstände, die durch die "malerische", abbildende Funktion ihre ursprüngliche Funktion nur noch als emotionale Erinnerung innehaben).

Wenn das Museum moderner Kunst Stiftung Ludwig Wien eine Ausstellung von elf Künstlern aus Israel veranstaltet, so wird damit beabsichtigt, die Vielfalt, die fruchtbare Mehrschichtigkeit und den Pluralismus zu betonen. Mag sein, daß die Auswahl eine persönliche und spezifische Zusammenstellung ist, aber eben diese Vielfalt und die Stärke der einzelnen Künstlerindividuen in Israel fordert zur souveränen und subjektiven Selektion durch den Kurator auf, wobei die authentische, überzeugende schöpferische Kraft und Komplexität der einzelnen Künstler in den Vordergrund gestellt wird.

Lóránd Hegyi

New Art from Israel

Art in Israel: a field of 20th century art that is entirely unknown, often mythisized, not the subject of art-historical treatises - in short, a part of 20th century art that has never been integrated into the artistic development in the West. Art in Israel: a terra incognita, whose beginning - either with the foundation of the state of Israel or with the intellectual development of the Jewish artists in the twenties and thirties, i.e. even before the founding of a separate state - is as little defined as is the artistic situation of our days. Is the installation artist Osvaldo Romberg, who was born in Argentina, lived in Tel-Aviv for some time, currently works in New York and lives in Philadelphia, an Israeli artist, a participant in the creation of the Israeli art scene, or is he rather someone who has emigrated several times, an "eternal wanderer" who builds bridges between continents and states, between religions and languages, or is he - like many other artists - above all a restless, open, sensitive person, who develops his work and his life in this context of a fertile openness and a constant change of position? Is an artist who was born in Israel and lives and works in Paris, such as Absalon, an artist from Israel, an Israeli artist or a French artist of Israeli descent? There are many Israeli artists of French, German or Russian descent; noone is surprised to read this in their biographies. The other way round is still unusual and surprising: French artists of Israeli extraction - do they exist? This demonstrates how much Israeli art, the artistic situation in Israel, is still subject to mystification, and how hard it is to talk about art in Israel without prejudices, untrue generalizations and clichés. Already the difficult decision whether to call it "art in Israel" or "Israeli art" shows the complexity of this problem which concerns the entire concept of the exhibition. "Israeli art" suggest that there is something homogeneous, something coherent, clearly specific, immediately recognizable, that this art can be easily identified on the basis of certain characteristic aspects in terms of form and content. When we compare the paintings by Moshe Gershuni or Micha Kupferman with Kadishman's land art and installations we understand the art historian's scepticism of viewing the rich, varied, heterogeneous artistic situation in Israel as a homogeneous picture. An untrue, naive, ahistorical and misleading homogenization would contradict not only the art historical facts which look back upon a very complex, often contradictory history determined by a great number of factors, linguistic, cultural, religious and political aspects, but it would also run counter to the general and essential interests of artists in Israel, whose oeuvre should finally be integrated into the international art scene and no longer be isolated from it. The present exhibition of contemporary art from Israel does not merely represent "informational material" on the topic, but above all seeks to create a basis for a serious and scholarly integration of art in Israel into the global picture of art.

The selection of the participants in this first exhibition of contemporary art in Israel attempts to draw a representative picture of the current situation, without any historical survey and free of any developmental considerations. A fresh, new and unconventional picture of the current art situation, in which the radical artistic positions of different aesthetic concepts, different goals and different value judgments have developed their sovereign forms and statements. The present selection should not be viewed as a "national exhibition", not as a general overview of the development of Israeli art, but rather as a presentation of a group of artists who concentrate in their oeuvre on the language of the objects and the issue of determining the function of art. On questions, thus, which are of equal concern to artists in New York or Vienna or Tel-Aviv. Current art in Israel is characterized by discussions of the linguistic possibilities of artistic communication. The new object and installation art which is at the centre of the present exhibition, clearly shows the different attempts at definition which determine the work of art on several levels of interpretation. These different levels of meaning refer to different definitions of function and different content-related contexts.

Although the three older participants in the exhibition, Micha Ullman, Gideon Gechtman and Motti Mizrachi, use entirely different formal languages, their artistic approaches are linked by certain elements of content. Their view of the object as a complex, many-sided and often contradictory system of meanings with individual-mythological, sociological and cultural historical levels of content, and the symbolic meaning of a strongly emphasized mate-

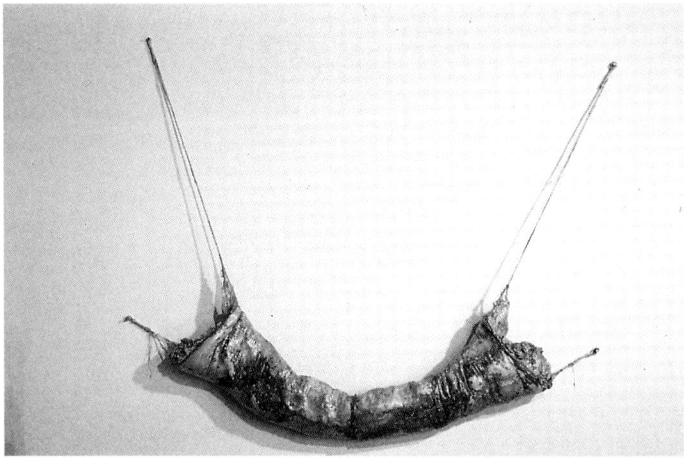

Daniel Sack

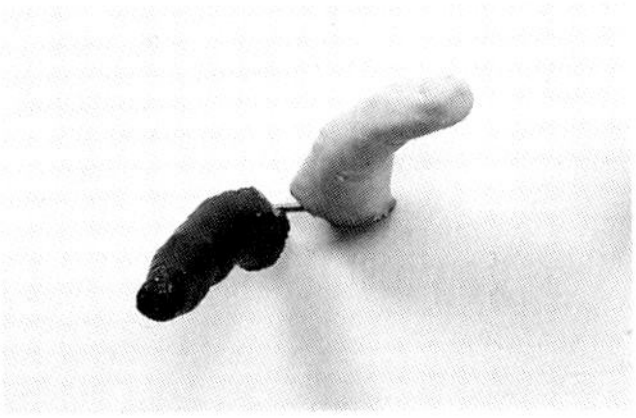

riality as well as a hidden monumentality are features common to all three artists.

Micha Ullman's objects may be interpreted on the one hand as archaeological digs on a reduced scale, as land art compositions, archaeological fields of research, and on the other hand simply as pieces of furniture. They are tables or showcases covered with glass panes: furniture used for displays, everyday objects with a specific function. A table can serve as a piece of furniture to eat at, but it can also serve the ritual, sacred function - symbolically connected with the everyday utilitarian function of the dining table - of an altar. A showcase is used to present something valuable which one wants to protect by means of the glass pane. This implies a combination of the practical and the useful; one protects one's valuables which at the same time one wants to display. When Micha Ullman thus presents sand and earth in his showcases this denotes something valuable, something ritual: The small hills and ditches in the sand owe their origin to a symbolic act, namely the analogous copying - repetition, imitation - of eating, eating as a ceremonial rite. The pieces of silverware (spoon, fork) hidden in the sand and the tracks they have left behind, now in the shape of a hill, now a valley, evoke various associations - such as a funeral or an archaeological dig, concealing and retrieving. As if they were finds in the desert, the spoon and the fork lie covered by earth, by sand, giving rise to worrisome questions: Why are they here? How long have they been here? What happened before? What was their function, in what context did they once function? The presentation of a "spatial situation" makes us ask questions; the objects and their spatial environment are presented in a - ritual - piece of furniture, in a "framework", while at the same time their existence, their function, their meaning are queried. By being presented in a showcase the objects on the one hand acquire a special significance - this is the aesthetic redefinition - while on the other hand they are presented in this way precisely because of their significance which is unknown to the spectator and cannot be comprehended by him. Thus the logical-causal connection is disturbed, form and function are confronted with one another and profoundly queried. The formal simplicity, immobility and timeless monumentaliy of the cool, matter-of-fact presentation create an archetypal image of the object.

Gideon Gechtman's object art adresses individual-mythological as well as historical and sociological contexts. His works are determined by hidden references to the human body: all the shapes have some connection with the human body or its functions - or disturbances of these functions. On the one hand his perfectly made, matter-of-fact objects remind one of objects from hospitals or laboratories, on the other hand they imitate machines, apparatuses and means of transportation that represent an absurd, irritating connection between ceremonial - funebral - ritual objects and banal objects of everyday use. In this way a complex multilayered structure of meaning arises. The strange, not identifiable, mysterious objects are interpreted as objects of a perfect, highly technological world, their perfection triggering both negative and positive connotations. The references to the human body irritate the spectator, they represent a challenge to investigate the strange relationship between body and object, movement and subject, bodily function and function of the machine. This study is not restricted to a context without sociological factors: Gideon Gechtman "socializes" this irritation, he establishes a context of possible references which address the sculptural phenomenon in the referential field of marketing, worship, ceremonial attention and the hierarchic value systems. Thus the references to Gechtman's own history (illness, fear of death, holocaust) are embedded into a broad sociological context of the determination of social functions or disturbances of function, respectively.

A similar content background characterizes Motti Mizrachi's object art. Although he emphasizes the references between the objects and the human body even more strongly, he gets further away from the individual-mythological aspect and attempts to reach an archetypal level of meaning. Struggle, metamorphosis, concern with the problems of being disabled, of enclosure, of being restricted, against which he tries to mobilize all aesthetic means, the constant process of liberating the self, which he both mythicizes and renders banal, determine his art. Motti Mizrachi's objects are heavy, depressing, often also aggressive, but they always contain an aspect of dissolution, a hopeful potential of transformation or self-determination.

Narration and monumentality, irony and bitterness, self-critical ambivalence and archetypal seriousness, an almost breathtaking feeling of eternity and the awareness of transitoriness combine in his art which always addresses a primeval, archetypal image, a deeply concealed idea of our existence, in a form that originates from the most banal and at the same time strangest and most surprising objects and fragments of objects.

Moshe Ninio

While the individual-mythological and historical aspects strongly determine the formal and linguistic studies of the older participants in the exhibition (Micha Ullman, Gideon Gechtman, Motti Mizrachi), the younger artists attempt to either incorporate art-historical connotations (Sigal Primor: Duchamp interpretations; Tamar Getter: quotes from the Bauhaus and Oskar Schlemmer) or to interpret the different materials, techniques and details of objects as references to the culture, as cultural-sociological indices (Moshe Ninio). Physical and chemical processes are reinterpreted as references to the human body (Daniel Sack) or in an expansionist way as an "extension of the body", as "body-machines" (Uri Katzenstein).

Uri Katzenstein's object and installation art is a salient example of the mutual influence between performance art and music on the one hand and object art on the other. Katzenstein makes music and music performances with the PANTA RHEI group, during which he wears sculptural-like objects on his body that serve as both music instruments and art objects. His body movements are restricted by the objects but at the same time are used to generate sounds and make music. A fine example of a late representative of the futuristic ideology of a "Gesamtkunstwerk", or total work of art, and of dadaistic expansionism.

The few painters who participate in the exhibition represent widely differing positions that, however, share some common aspects: the view of a painting as a painting-object and the rejection of the expressive, self-representing, emotional function of painting. They interpret their paintings on the one hand as studies in the visual determination of function (David Shvili with his comparison of different definitions of a painting), on the other hand as a "collage" or "mosaic" of different pictorial elements that refer to other levels of experience (Nurit David). Or they reinterpret the object as a painting, i.e. as a surface that carries a depiction (Ido Bar-El's narrative objects which due to their "painterly", representational function contain their original function only as an emotional recollection).

By organizing an exhibition of eleven artists from Israel, the Museum of Modern Art Ludwig Foundation Vienna intends to emphasize their variety, fertile many-sidedness and pluralism. The selection may be a personal and specific one, but it is precisely this variety and strength of the individual artists in Israel that demand a sovereign and subjective selection by the curator, that focuses on the authentic, convincing creative force and complexity of the individual artists.

(Translated by Maria E. Clay)

[1]) Diese Überlegung liefert E. Lévinas, jüdischer Philosoph: In einen Dialog mit den Modellen einer "anderen" Welt zu treten, birgt einerseits eine Hoffnung, andererseits eine schmerzliche Grenze. Die existentielle Überlegung, den Ort (Makom), den jüdischen heiligen Ort der Weltmitte, in sich selbst zu suchen und den Dialog der menschlichen Existenz zwischen dem unsterblichen Sein und dem Seienden zu gründen.

[2]) Hannelore Künzl, Jüdische Kunst, C. H. Beck 1992

[3]) Doreet LeVitte-Harten, Die Wortbrüchigkeit der Bilder, Israelische Kunst um 1990, Dumont Buchverlag Köln.

Miryam Charim

MAKOM - Spurensuche

Die Ausstellung MAKOM - Zeitgenössische Kunst aus Israel ist unter anderem ein Versuch, den Unterschied zwischen der Bedeutung eines Kunstwerkes in seinem ursprünglichen Kontext und einem anderen Ort zu suchen. Dies wird einem hier durch die Unlesbarkeit der Zeichen erschwert, die Macht der Bilder stellt aber einen Dialog her - die Auswahl der Künstler und der Arbeiten, die Dialogfähigkeit israelischer Künstler und die Herstellung einer Beziehung im Rahmen dieser Ausstellung ermöglichen diesen Dialog. Die folgenden Überlegungen sollen helfen die "Spur des Anderen" (Emmanuel Lévinas[1]) aufzunehmen.

MAKOM - hebräisches Wort für Ort, Raum, Territorium, Bereich, aber auch einer der Namen Gottes - der ORT bezeichnet keine Stelle, sondern eine Idee. Der Titel der Ausstellung MAKOM reflektiert schon in seinem Dualismus die Spannung, die Ausdruck findet in der zeitgenössischen israelischen Kunst. Zwischen dem konkreten Ort und dem Ort der Idee liegt eine ewige Wanderschaft und Suche.

Die Frage von Zentrum und Peripherie ist in dieses Wort eingebaut: ist der Mittelpunkt meiner Arbeit der Ort meiner Existenz oder, in der jüdischen Geschichte, die Idee einer Existenz im heiligen Land? Auch die Suche nach Identität erreicht in der Krise der örtlichen Instabilität und der ständigen Unsicherheit im Zusammenhang mit der Bestimmung des Territoriums einen Höhepunkt.

MAKOM, der Ort, der Mythos, die Vorstellung von Ankommen und Exil, war der Ausgangspunkt einer Reise auf der Suche nach der zeitgenössischen israelischen Kunst.

Die Überlegungen in diesem Text sind von der individuellen Betrachtung ausgegangen und versuchen, kulturelle Zusammenhänge in Israel zu beschreiben. Die israelische bildende Kunst hat keine Geschichte, im politischen Sinne beginnt die eigentliche Geschichte der israelischen bildenden Kunst mit der Staatsgründung im Jahre 1948. Während die bildenden Künste anderer Länder Tradition haben, schaut man in Israel auf eine Geschichte von nicht einmal hundert Jahren zurück. Ist die Überlegung gültig, neue israelische Kunst im Zusammenhang mit "jüdischer Kunst" zu sehen? In diesem Zusammenhang beging man den Fehler, nach einer "jüdischen Stilepoche" oder einem "jüdischen Stil" zu suchen. Bedenkt man die Geschichte der Juden, so ist dies ein völlig falscher historischer Ansatz. Denn es kann aus nachantiker Zeit keinen jüdischen Stil in einem historischen Sinne, als Ablösung eines anderen, geben, und ebensowenig einen jüdischen Nationalstil. Es fehlen auch bestimmte jüdische Charakteristika in einem historischen oder geographischen Sinne, die etwa Definitionen wie "französische Gotik" oder "italienische Renaissance" vergleichbar wären. Denn Juden haben seit der Spätantike immer als Minderheiten in den verschiedenen Kulturkreisen gelebt und sich im jeweiligen Lande angepaßt.[2])

Sicherlich haben sich Juden, auch in biblischen Zeiten, in verschiedenen Kunstformen ausgedrückt, die die Stile und Formen ihrer Umgebung in der sie lebten, unweigerlich reflektierten. Es wurden immer wieder Kunstwerke für den persönlichen Bedarf, sowie Kult- und religiöse Gegenstände hergestellt, die auch künstlerisch wertvoll waren.

In dem Bibelkommentar zum Buch Exodus 15:2 wird beschrieben, daß Gott durch den Gebrauch schöner Dinge für den Gottesdienst "geschmückt" werden sollte.

Trotzdem existiert da noch immer das verborgene uralte Tabu, das im archaischen Sumpf des Unbewußten wie ein Ungeheuer auf seine Stunde lauert. Es macht künstlerisches Schaffen zum heroischen Akt. Dabei geht es nicht, im Sinne der Moderne, um stilistische Innovation. Das Rebellische, und zwar wegen des Textes, besteht darin, überhaupt bildende Kunst machen zu wollen.[3]) Entsprechend dem geistigen Charakter der jüdischen Religion durfte Gott nicht bildlich dargestellt werden; in den Zehn Geboten und anderen zahlreichen Stellen der Bibel (Exodus 20:3-4, Deut. 4:25-31; 27:15) wird Bilderdienst ausdrücklich verboten, auch wenn die Bilder Symbole "des wahren Gottes" sein wollen. Dieses Tabu wurde wiederholt verletzt, in den aufgeführten Stellen der Bibel wurde jegliches Herstellen von Bildern untersagt, doch weiß man von Darstellungen an der Bundeslade im Tempel Salomons usw., daß nur die Herstellung von Götzenbildern untersagt war.

In der Zeit des zweiten Tempels war das Bildnisverbot auf alle Kunstwerke ausgedehnt, nicht einmal architektonische Verzierungen waren ausgenommen. Im Talmud[4]) wurde das Bilderverbot durch drei Bestimmungen bedeutend gemildert, nachdem die Gefahr des Götzendienstes in späterer Zeit nicht mehr so groß war: 1. daß zu wissenschaftlichen Zwecken jedes Bild angefertigt und von jeder Abbildung Gebrauch gemacht werden darf - 2. daß Abbildungen von Tieren und Pflanzen immer erlaubt sind - 3. daß andere Bildnisse nur verboten sind, wenn ihre Figur eine "leiblich hervortretende Gestalt" - Plastik und Relief - ist (mit Ausnahme von Sonne, Mond, Sternen und Planeten, die erlaubt sind, wenn sie gemalt, gestickt, gezeichnet oder in einer anderen Technik gefertigt sind. Abbildungen des Jerusalemer Tempels bleiben verboten, ebenso Abbildungen aus der christlichen Religion). In Synagogen durften, sofern keine Gefahr der Götzenanbetung mehr bestand, Bilder aller Art angebracht werden, ausgenommen solche von Menschen sowie Säulenbilder und Reliefs. Im Hause waren auch gemalte und gezeichnete Porträts von Menschen erlaubt.

Aus diesem Grund ist die Vorstellung einer jüdischen Kunstgeschichte in Umfang und Bedeutung der griechischen oder ägyptischen nicht möglich. Ausgangspunkt der Darstellung war in allen Kulturen die Darstellung des religiösen Gefühls - die Materialisierung der heiligen Wesen und Gottheiten. Sich von der Vorstellung zu lösen und zu dem Transzendentalen zu gelangen, ohne sich eine Form vorzustellen, ist eine geistige Befreiung, die in der jüdischen Religion sehr konsequent vollzogen wurde. Es führte zu der Erkenntnis eines einzigen Gottes als etwas völlig Geistiges ohne Materie, nicht vorstellbar und nicht darstellbar. Die Griechen dachten sich die Götter menschlich, wenn auch unsterblich, und die höchste Steigerung hellenischer Gottesvorstellung ist nicht der körperlose, der unbegreifbare, sondern der schöne Gott. In der Zeusstatue des Phidias wird das Ideal der religiösen Vorstellung verwirklicht. Im Judentum widerspricht die Gottesdarstellung und -vorstellung gerade der Intensität des Glaubens.[5])

Ursprünglich galt das Bildnisverbot nicht der Kunst, sondern dem Götzendienst - einen anderen Anlaß, sich Bild oder Gestalt zu machen, gab es nicht. Jede Kunst war religiöse Kunst. Aber dieses Verbot und die Überzeugtheit, aus der es hervorgegangen war, haben die Kraft gehabt, eine Askese der Phantasie herbeizuführen und alles, was im Judentum große Kunst hätte werden können, zur Bildlosigkeit zu zwingen. Nur ist es ungerecht und führt nicht an die Wurzeln des Problems, hier eine bloße Verneinung zu sehen. Es handelt sich nicht um einen Protest, wie bei den byzantinischen Ikonoklasten oder den holländischen Bilderstürmern. Es ist vielmehr die prinzipielle Einstellung des ganzen Volkes in eine andere Richtung, mit einer Starrheit durchgeführt und festgehalten, die es in der antiken Welt völlig isoliert. Seine reiche Phantasie wurde vom Bild ins Wort abgedrängt.[6]) Aber gerade in diesem Zusammenhang scheint auch Freuds Auffassung des Tabus und seiner Geschichte wichtig: wir konstruieren die Geschichte des Tabu (Bildnisverbot) nach dem Vorbild der Zwangsverbote. Die Tabus seien uralte Verbote, einer Generation dereinst von außen aufgedrängt, daß heißt also doch wohl, von der früheren Generation ihr gewalttätig eingeschärft. Diese Verbote haben Tätigkeiten betroffen, zu denen eine starke Neigung bestand. Diese Verbote haben sich nun von Generation zu Generation erhalten, vielleicht bloß infolge der Tradition durch elterliche und gesellschaftliche Autorität. Aber aus der Festhaltung der Tabus ginge eines hervor, daß die ursprüngliche Lust, jenes Verbotene zu tun, auch noch fortbesteht. Sie haben also zu ihren Tabuverboten eine ambivalente Einstellung; sie möchten im Unbewußten nichts lieber als sie übertreten, aber sie fürchten sich auch davor; sie fürchten sich gerade darum, weil sie es möchten, und die Furcht stärker ist als die Lust. Die Lust dazu ist aber bei jeder Einzelperson des Volkes unbewußt wie bei dem Neurotiker.[7])

Aber Tabus wechseln allmählich ihre Funktion. Möglich ist, daß mit der Staatsgründung eine Tendenz des Kulturwandels eintritt, wonach eben die Tabus, die die Verdrängung aufrecht erhalten sollen, zunehmend in den Dienst dessen gestellt werden, was verdrängt werden soll - was zu einer Explosion der künstlerischen Produktion vor allem in der bildenden Kunst führt. Diese Emanzipation von dem mit Tabus besetzten Bewußtsein verwandelt sich oft in eine Gegenbewegung.

Gehen wir davon aus, daß der Ort Israel nicht nur eine Angelegenheit der äußeren Bedingungen war, ist es nicht weniger eine Frage der Veränderung der Verhältnisse, in denen Juden lebten, als der Veränderung der Juden selbst. Ist Israel ein Ort, wo Menschen jüdischen Glaubens in ihrem eigenen Staat leben, wo sie in Frieden und ohne

Antisemitismus leben können (Herzls Ziel[8]), oder hatte eine Verwandlung des inneren jüdischen Selbst stattgefunden (Achad Haam[9])? Religion sollte nicht länger ihre unerläßliche Substanz sein.[10]) Das bedeutet eine wichtige Verschiebung im Begriff jüdischer Identität. Das Judentum in diesem Sinne war kein Festhalten an einer Reihe von Glaubensinhalten und Gebräuchen. Es bedeutet vielmehr, teilzuhaben an dem Geist, der diese geschaffen hatte. Der jüdische Geist, der das Volk durch die Jahrhunderte inspiriert hatte, hatte die jüdische Religion hervorgebracht. Ihm verdankten die Juden aber auch ihre intellektuellen und kulturellen Errungenschaften im weiteren Sinne. Die Religion war historisch gesehen seine wichtigste Komponente, doch sie war nicht seine eigentliche Substanz.[11])

Ein wichtiger Punkt im Zusammenhang mit der kulturellen Identität in Israel ist die Frage der Normalität. Das moderne Judentum im Westen hatte aus der Anomalität der jüdischen Existenz in der Diaspora eine Tugend gemacht. Sein Sendungsbewußtsein und messianisches Streben basierten auf der Einzigartigkeit des Judentums und der jüdischen Existenz, die unter den Nationen verstreut war. In einem Land zu leben mit einem vollständigen gesellschaftlichen System ist konträr zu allen Formen der jüdischen Identität. Alle Formen der Identität waren möglich: Säkular oder religiös, an die jüdische Normalität oder Auserwähltheit zu glauben, kulturell ein Europäer, Orientale usw. zu sein, der in einem jüdischen Staat lebt, oder umgekehrt kulturell ein Jude, der aus dem jüdischen Geist an diesem besonderen Ort eine neue Kultur schaffen würde.

Israel ist aber auch die Bezeichnung eines politischen Status. Auch die nichtjüdischen Bürger Israels, die sich durchaus als Israelis verstehen, verstärken die Ambivalenz in Bezug auf die Identität – über die Staatsbürgerschaft hinaus gibt es noch die Kategorie der ethnischen Identität und der religiösen Identität der anderen Religionsgemeinschaften in diesem Land. Die Komplexität der Bedingungen zur Schaffung einer nationalen Identität in Israel äußert sich in den Spannungen, die die Voraussetzung für eine besondere künstlerische Produktivität schaffen. Die Trauer über die Tragödien und die vielen unlösbaren Probleme, die großen kulturellen und religiösen Unterschiede zwischen israelischen Juden und israelischen Arabern, die Unterschiede zwischen Israelis amerikanischer, europäischer Herkunft und Israelis afrikanischer, asiatischer Herkunft, die eine Mehrheit in dem Land bilden erzeugen einen realen, imaginären oder metaphorischen Druck, der in vielen Arbeiten israelischer Künstler Ausdruck findet.

Dieser Ort ist kein genau beschreibbarer, durch Grenzen definierter Platz, sondern ein Schnittpunkt individueller und politischer Geschichte, ein Mosaik von Sprache, Identität und Zeit. Die Bemühungen, die zeitgenössische Kunst in Israel zu positionieren, sie einem System der Betrachtung anzupassen, und gleichzeitig das System dem Realen und der Geschichte anzupassen, funktioniert nicht. Der Kampf gegen den Götzendienst gilt nicht den Bildern. „Von Zeit zu Zeit unterbrechen merkwürdige Dämmerungen die aufgeklärte Geschichte, das Licht zerfällt in zahllose flackernde und vieldeutige kleine Flammen, der Boden wird einem unter den Füßen weggezogen, die Ereignisse beginnen sich im Teufelskreis um ein erneut heimatlos gewordenes Bewußtsein zu drehen. Und Gewißheiten, die die Konfrontationen in den Wind schlagen, steigen aus vergessener Tiefe empor." (Emmanuel Lévinas[12])

---

[4]) Talmud: Gesetzeswerk, das aus der Mischnah und anderen Kommentaren zur Thora (Wörtl. Lehre, Gesetz - die 5 Bücher Moses) besteht.

[5]) Ernst Cohn-Wiener, Die jüdische Kunst, Martin Wasservogel Verlag, Berlin.

[6]) ebd. S 4.

[7]) Sigmund Freud, Totem und Tabu, Fischer Verlag, Taschenbuchausg. 1991.

[8]) Theodor Herzl, 1860 Budapest - 1904 Edlach, Begründer des Zionismus.

[9]) Achad Haam, 1856 Skwira, Ukraine - 1927 Tel-Aviv, Begründer des "geistigen Zionismus" im Gegensatz zu Herzls politischem Zionismus.

[10]) Michael A. Meyer, Jüdische Identität in der Moderne, Jüdischer Verlag 1992.

[11]) ebd.

[12]) Emmanuel Lévinas, Schwierige Freiheit, Versuch über das Judentum, Jüdischer Verlag, 1992.

[1]) This thought is expressed by E. Lévinas, a Jewish philosopher: entering into a dialogue with the models of a "different" world involves a hope on the one hand and a painful boundary on the other. The existential idea of looking for Makom, the sacred Jewish place of the centre of the world, within oneself and of establishing the dialogue of human existence between the immortal being and that which has been created.

[2]) Hannelore Künzl, Jüdische Kunst, C. H. Beck 1992.

[3]) Doreet LeVitte-Harten, Die Wortbrüchigkeit der Bilder, Israelische Kunst um 1990, Dumont Buchverlag Köln.

Miryam Charim

MAKOM - Searching for Tracks

The exhibition "MAKOM - Contemporary Israeli Art" is also an attempt to investigate the difference between the meaning of a work of art in its original context and in another place. In the present case this is made more difficult by our inability to read the characters, but the force of the images gives rise to a dialogue - the selection of the artists and their works, the capacity of Israeli artists for dialogue and the establishment of a relationship within the framework of this exhibition make this dialogue possible. The following remarks are intended to help follow the "tracks of the other one" (Emmanuel Lévinas[1]).

MAKOM - a Hebrew word meaning place, space, territory, sphere, but it is also one of God's names - PLACE not in the sense of a location but of an idea. In its duality already the title of this exhibition reflects the tension that is expressed in contemporary Israeli art. Between the concrete place and the place of the idea is the quest of eternal wandering.

Also contained in this word is the question of the centre and the periphery, the centre of my work, the place of my existence, or in Jewish history, the idea of life in the Holy Land. The quest for identity, too, reaches a high point in the crisis of Israel's local instability and the constant uncertainty in connection with the determination of its territory.

MAKOM, the place, the myth, the idea of arriving and exile, has been the starting point of a journey in search of contemporary Israeli art.

The reflections contained in this text attempt to describe cultural contexts in Israel, starting out from individual considerations. Israeli visual art has no history. In the political sense the history of Israeli visual art begins with the founding of the state of Israel in 1948. While the visual arts of other countries have a tradition, Israeli art can only look back on a history of less than a hundred years. Is it a valid viewpoint to look at contemporary Israeli art in the context of "Jewish culture"? In this connection the mistake has been made of looking for a "Jewish stylistic era" or a "Jewish style". Considering the history of the Jews, this is an entirely wrong approach. For since the end of antiquity no Jewish style could exist in the historical sense of one style that supersedes another, any more than there could be a Jewish national style. There were also no Jewish characteristics in a historic or geographical sense that might be comparable to definitions such as "French Gothic" or "Italian Renaissance". For since late antiquity the Jews have lived in other cultures as minorities, adapting themselves to the respective country.[2])

Of course even in biblical times Jews expressed themselves in various art forms which invariably reflected the styles and shapes of the surroundings they lived in. Works of art were created for personal use as were ceremonial and religous objects of artistic value.

The biblical commentary on the Book of Exodus 15:2 explains that God is to be "adorned" through the use of beautiful objects for the religious service.

Nevertheless there is still the hidden ancient taboo that lurks in the archaic bog of the unconscious like a monster awaiting its time. It makes any artistic creation a heroic act. What is meant here is not stylistic innovation in the sense of modernism. The rebellious element is the mere desire to create any visual art at all.[3]) In accordance with the spiritual character of Judaism it was not permitted to make a graven image or likeness of God; in the Ten Commandments as well as elsewhere in the bible (Exodus 20:3-4, Deut. 4:25-31, 27:15) it is expressly forbidden to make a likeness of God, even if the likeness is intended to be a symbol "of the true God". This taboo was violated repeatedly: in the quotes from the bible listed above any making of graven images or likenesses was forbidden, but we know from representations on the Ark of the Covenant in the Temple of Salomon etc. that it was only the making of images of false gods that was forbidden.

In the period of the second Temple the prohibition against making images was extended to all works of art, even including architectural decorations. In the Talmud[4]) the prohibition against making images was substantially mitigated by three regulations, since the danger of worshipping false gods was no longer so great at that time: 1. for scientific and scholarly purposes any likeness may be made and any representation may be used, 2. representations of animals and plants are always permitted, 3. other likenesses are only forbidden, if they are "graven images", i.e. sculptures or works in relief (with the exception of the sun, moon, stars and planets, when they are painted, embroidered, drawn or created in any other technique. What remains forbidden are representations of the Temple of Jerusalem and images from the Christian religion.) Provided there was no longer any danger of worshipping false gods, images of all kinds were permitted in synagogues, except for representations of human beings, three-dimensional likenesses on columns, and reliefs. In private homes even painted and drawn portraits of people were permitted.

For this reason there can be no Jewish art history of the extent and importance of that of Greece or Egypt. In all cultures the starting point of representation was the depiction of religious feelings - the materialization of the sacred beings and gods. Freeing oneself from the imagination and arriving at the transcendental without imagining a shape is a spiritual liberation that was carried out very consistently in Judaism. It led to the recognition of a single God who is entirely spiritual without materiality and cannot be either imagined or depicted. The Greeks imagined their gods as being similar to human beings albeit immortal, and the epitome of the Hellenic idea of the gods is not the immaterial or incomprehensible god, but rather the beautiful god. Phidias' statue of Zeus at Olympia embodied the ideal of their religious imagination. In Judaism the representation and imagination of God contradicts the very intensity of religious belief.[5])

Originally the prohibition against making a likeness was not directed against art but was issued to prevent the worshipping of false gods - there was no other reason for making a likeness or graven image. Any art was religious art. However, this prohibition and the conviction on which it was based had the power of causing an asceticism of the imagination and force anything that might have become great art in Judaism to remain imageless. But to see in this a mere denial is unfair and does not lead to the roots of the problem. It is not a protest as was the case with the Byzantine and later the Dutch iconoclasts. Instead it is a principal attitude of an entire people in another direction, carried out and insisted upon with a rigidity that completely isolated it in the ancient world. Its rich imagination was forced away from the image to the word.[6]) In this context Freud's concept of the taboo and its history seems important: we construct the history of the taboo (the prohibition to make a likeness) after the model of the forced prohibitions. The taboos are said to be ancient prohibitions once forced upon a generation from outside, which can really only mean by the preceding generation. These prohibitions concerned activities toward which there was a strong tendency. These prohibitions have been handed down from generation to generation, perhaps only because of the tradition of parental and social authority. But from maintaining the taboo one thing was said to emerge, namely that the original tendency of doing that forbidden act still continued. They thus have an ambivalent attitude towards their taboo prohibitions, subconsciously they want nothing more than to violate them but they are also afraid, they are afraid precisely because they want it, and the fear is stronger than the pleasure. In each individual member of the people the pleasure is subconscious as it is in the neurotic.[7])

However, taboos gradually change their function and it is possible that with the foundation of the state of Israel a tendency towards a cultural change occurred whereby the very taboos that are to uphold the repression were increasingly placed at the service of that which is to be repressed. This leads to an explosion of artistic production especially in the visual arts. The emancipation of the consciousness upon which the taboo was imposed often turns into a countermovement.

Let us start from the premise that as a place Israel was not just a matter of outside conditions - is it not less a question of a change in the conditions under which Jews live than of changes in the Jews themselves? Is Israel a place where people of the Jewish faith live in their own state, where they can live in peace and without anti-Semitism (Herzl's goal[8]), or has a transformation of the inner Jewish self taken place (Achad Haam[9])? Religion should no longer be their obligatory substance.[10]) That signifies an important shift in the concept of Jewish identity. In this sense Judaism was not a clinging to a series of beliefs and customs. Instead it meant partaking of the spirit that had created these. The Jewish spirit that had inspired the people throughout the centuries had created the Jewish religion. However, the Jews also owed to it their intellectual and cultural achievements in a wider sense. From a historical point of view religion was its most important component, but it was not its substance proper.[11])

An important aspect in the context of the cultural identity in Israel is the question of normality. Modern Judaism in the West had turned the anomaly of Jewish existence in the diaspora into a virtue. Its conviction of its mission and its messianic endeavours were based on the uniqueness of Judaism and the Jewish existence that was scattered throughout the nations. Living in a country with a complete social system runs counter to all forms of Jewish identity. All kinds of identity were possible. Secular or religious, believing in the Jewish normality or the chosen people, and in terms of culture, being a European or an Oriental etc. who lived in a Jewish state, or vice versa being a Jew in terms of culture who out of the Jewish spirit would create a new culture in this specific place.

Israel is, however, also the designation of a political status. The non-Jewish inhabitants of Israel, who regard themselves as Israelis, increase the ambivalence with regard to identity - beyond the citizenship there is also the category of ethnic identity and the religious identity of the other denominations in the country. The complexity of the conditions for creating a national identity in Israel shows itself in the tensions that form the prerequisites of a particular artistic productivity. The sadness about the tragedies and the many insoluble problems, the great cultural and religious differences between Israeli Jews and Israeli Arabs, the differences between Israelis of American or European descent and Israelis of African or Asian descent who are the majority in the country, create a real, imaginary or metaphoric pressure that is expressed in many works by Israeli artists.

This place is not one that can be precisely described and defined by boundaries, but rather a point of intersection of individual and political histories, a mosaic of language, identity and time. Efforts to position contemporary art in Israel and to fit it into a system of looking at art while at the same time adapting the system to reality and to history, do not work. The injunction against worshipping false gods is not directed against the images themselves. "From time to time strange twilights interrupt the enlightened history, the light disintegrates into countless flickering and ambiguous small flames, the ground is pulled away from under one's feet, in a vicious circle events begin to spin around a consciousness that has once again become homeless, and certainties that cast the confrontations into the wind, emerge from forgotten depths" (Emmanuel Lévinas[12]).

(Translated by Maria E. Clay)

---

[4]) Talmud: a body of laws consisting of the Mishna and other commentaries on the Torah (literally, teachings, or law - the five Books of Moses).

[5]) Ernst Cohn-Wiener, Die jüdische Kunst, Martin Wasservogel Verlag, Berlin.

[6]) ibid. p. 4

[7]) Sigmund Freud, Totem and Taboo.

[8]) Theodor Herzl (b. 1860 Budapest - d. 1904 Edlach, Austria) the founder of Zionism.

[9]) Achad Haam (d. 1856 Skvira, Ukraine - 1927 Tel-Aviv), founder of the "spiritual Zionism" in contrast to Herzl's political Zionism.

[10]) Michael A. Meyer, Jewish Identity in the Modern World, University of Washington Press 1990.

[11]) ibid.

[12]) Emmanuel Lévinas, Difficile liberté. Essay sur le Judaism. Edition Albin Michel s. a., Paris 1963 and 1976.

Sarit Shapira

Die Mythologie der Deterritorialisation

Die israelische Kunst hat ihre eigenen Mythen, ihre mythische Chronik - ein Aufmarsch von Leuten, die diese Mythen aufnehmen und anderen, die sie ablehnen. Mythologisches Geschehen wird geprüft, verstärkt, dann abgelehnt, wiederentdeckt. Neben der alten, jüdischen Kultur entstand eine neue, die israelisch-hebräische. Die israelische Kunst aber hat ihre eigene Geschichte.

Auch diese ist mythenumhüllt - die Motive, Gestalten, die Schöpfungen der internationalen Kunst und Kultur außerhalb ihrer eigenen "Örtlichkeit". Die Zerstreuung dieser mythischen Wolken wie auch das Zerschlagen anderer Mythen ist ein weiterer Mythos in der Chronik israelischer Kunst. Diese Mythologie bezieht sich auf Verschwinden und Verstecken, Maskieren und Demaskieren. Es gibt da Masken, die bedecken und solche, die aufdecken, und andere, die beides tun. Verführerische Masken führen zu Mythen, ihr Ausdruck deutet auf die verdrängten und verleugneten Mythen hin. Vorhänge verbergen sich selbst und rufen den Teufel, das Ungeheuerliche, und andere Tabus, und was wieder hinter ihnen versteckt ist. Der größte Mythos der israelischen Kunst ist wohl abstrakt und leidenschaftlich, vor sich selbst verborgen, nicht wiederentdeckt, diese Erbschaft ist unauffindbar, Figuren von Vorhängen und Fallen sind Bestandteile des Epos, und diese verführen (zumeist auf intellektuellem Wege) zur Entdeckung des Verhängten oder des in der Falle gefangenen. Jedoch: Zur gegebenen Zeit, zur Zeit der Erklärungen, wenn das Nicht-Vorhandene geprüft werden soll, zeigt sich eine Leere.

Eines der zentralen Themen, das durch die israelische Kunst für unmöglich erklärt wird, eines der abwechselnd verborgenen und wiederentdeckten Motive, einer der Mythen, dessen wiederkehrender Aufstieg und Fall ein chronisches Symptom der Chronik israelischer Kunst ist, ist der Mythos, daß sie dem Ort angehört, an dem sie aktiv ist. Der Übergang des Themas vom Mythos zum Epos zeigt sich in der israelischen Kunst in ihrer Beziehung zum Zionismus. Diese Ideologie, Historiographie, Rhetorik, das Pantheon ihrer Helden, die Gestalten und Symbole und all der Rest - die Anzeichen gegenseitiger Beeinflussung mit dem Ort, mit dem physisch-geographischen Territorium - hat der israelischen Kunst nicht nur den Stempel der Begrenzung aufgedrückt, sondern sie auch zu einer bestimmten Ideologie verpflichtet. Besonders in den letzten Jahren, da die israelische Kunst selbstbewußter wurde, besteht eine Thematisierung zwischen zionistischer Ideologie und der Bindung zu diesem Ort, so daß diese Kunst mehr und mehr den historischen Zusammenhang und die Legitimation zur Nähe dieser bestimmten Scholle zeigt. Manchmal wurde aus dieser Idee eine verzweifelte, besessene Nähe. Mehr und mehr zeigt sich heute in der israelischen Kunst, daß eine Reaktion einsetzte, daß sie nicht nur die eigene Bedeutung und das eigene ideologische Ebenbild aufzeigt, sondern durch ihre eigene Existenz die Gültigkeit der zionistischen Ideologie beweist. Dennoch, trotz politischer Wachheit oder gerade wegen ihr, besteht immer ein kompliziertes und dialektisches Zwiegespräch, das als Verkörperung einer früheren Schicht aufgefaßt werden kann - hauptsächlich die der Pionierbewegung - oder auch der Arbeiterbewegung und der israelischen Linken. (Anfangs waren diese Bewegungen Zusammensetzungen und Variationen der nationalen und sozialistischen Bewegungen des 19. und frühen 20. Jahrhunderts) - bis zu ihrer Entartung, wie man den hiesigen Ruck nach rechts nennen kann. Die israelische Kunst ist nicht nur eingebunden in die Ausdrücke der Ideologie, Politik, Gründerrhetorik und Verwirklichung verschiedener zionistischer Ideologien, in den Mythos der Scholle und der Liebe zu dieser Erde, dieses Ortes, da sie auf Grund ihres Wachseins Ausdrücke der Verfremdung und Kritik an all diesen übt. Dahinter freilich verbergen sich Rhetorik der Nostalgie und Liebe zur Erdscholle und zu dieser Natur - und am Ende wird diese Liebe wegen der politischen Wachsamkeit unmöglich und verloren.

Die Anziehung dieses örtlichen Territoriums und die Abstoßung sind oftmals mit Verdrängungen verbunden, abwechselnd mit Zauberformeln für Formen der Kultur, Sprache und Identität der Diaspora. Wenn die israelische Kunst die Diaspora heraufbeschwört und manchmal sogar ihre eigene Kultur als die der Diaspora bezeichnet, bringt sie auch die hervorragenden und erleuchteten Seiten dieser Kultur zusammen mit den dunklen, abstoßenden Charakteristiken und Personen. Der "Büchermensch" wird an der Seite des "Luftmenschen" gezeigt, so auch der "Ewige Jude" an der Seite des jüdischen Flüchtlings, der ebenfalls

1 - **Gideon Gechtman, Zwei Nelsons mit Vorhang, 1984**

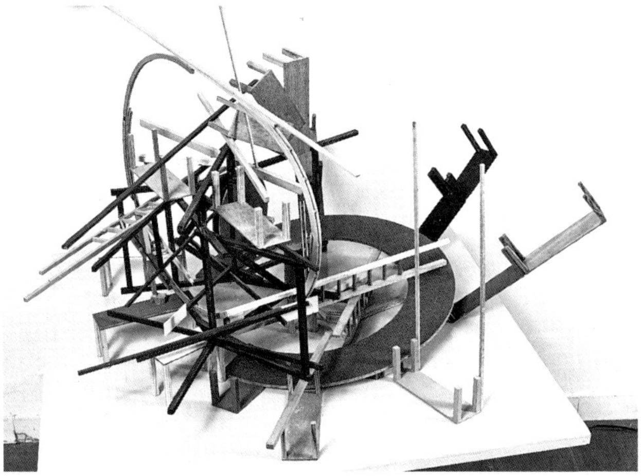

2 - **Nahum Tevet, Narziß 5, 1983**

3
Moshe Ninio,
Schlafende Figur, 1978

abstoßend wirkt - es sind dies die Randerscheinungen, die Andersartigen. Diese Kunst zeigt oftmals gefestigte Gestalten, bezeichnet sich aber selbst als pervers. Sie sieht den jüdischen Intellektuellen als Gestalt ohne Körper und Blut, oder aber - im Gegensatz dazu - lediglich als Körper (so eine Art Golem). Wenn die Perversion immer mehr offenbar wird, wird der nackte Körper immer formloser, ohne Beziehung zur Erde, am Ende besteht er nur mehr aus Text - ein Körper, der als vermißt bezeichnet werden kann, als ein Gespenst, als etwas Durchsichtiges. Manchmal wird auch die Gestalt des Juden als Opfer in derjenigen verzerrten Gestalt dargestellt, in der diejenigen, deren Opfer er war, ihn darzustellen pflegten. Es sind dies Gestalten aus der Chronik des Antisemitismus. Diese verzerrten Gestalten sollten sicherlich eine Beschuldigung darstellen, jedoch in versteckter Form. Diese Abbildungen der Opfer, wie sie sich im Auge der Verfolger darboten, sind aber auch Anzeichen der "Schwächepunkte", Punkte, an denen die Identität völlig verschwindet. Anders ausgedrückt: Diese perversen Gestaltungen, in denen Mörder und Opfer zu einer verschwommenen, nebelhaften Gestalt verschmelzen, sind Anzeichen eines Verlöschens der Fähigkeit zur Kritik der Kommunikationsmedien, in denen durch Verlust der Berührung mit dem eigenen Inneren Namen und Identitäten - denen Diskussionen gewidmet werden sollten - verloren gehen.

Diese Verluste, dieses Verschwinden sind nicht nur in den Gestalten der Juden als Opfer dargestellt, sondern auch umgewandelt in den "israelischen Gefallenen" in allen israelischen Kriegen. Gegenüber der Gestalt des "israelischen Helden" können die Züge des "jüdischen Opfers" erkannt werden, als Züge des "Antihelden". Die textuale Gestaltung ist zumeist die der "Opferung Isaaks". Kunstwerke, die dies zum Gegenstand haben, werden oft in der allgemeinen Form eines Altars dargestellt - so auch die Darstellung von Gefallenen. Die erzählerischen Gleichnisse des Zionismus versuchten in nicht unerheblicher Anzahl, die schmerzlichen Erinnerungen an die Diaspora zu überdecken. Diese Gleichnisse öffnen jedoch gleichsam Pandoras Büchse, welche Pogrome, Vertreibungen - insbesondere die Vertreibung aus Spanien, aber auch von verschiedenen anderen Orten - und insbesondere den Holocaust enthält. Ähnlich der Geschichte der allgemeinen israelischen Kultur ist die Chronik der israelischen Kunst eine Chronik der Erinnerungen an die Vergangenheit, eine Chronik auch der Symbole der Erinnerungen an diese Vergangenheit, sowie auch eine Chronik der Symbole der

Zukunft. Die Geschichte der israelischen Kunst ist zugleich die Chronik derjenigen Symbole der Zukunft, die auf Grund der verhältnismäßig kurzen Geschichte des Zionismus und der Ansässigkeit im Lande stattfinden wird. Diese Zukunft taucht aus der Vergangenheit der Diaspora als ein utopischer Horizont auf. Die Geschichte der israelischen Kunst zeigt auch die gegenseitige Beeinflussung zwischen verschiedenen Versionen der Zukunft: eine Serie von Versuchen zur Unterdrückung der "diasporischen Zukunft" unter den Versprechungen des Zionismus und eine Serie, die besonders in den letzten Jahren ein immer stärkeres Auftreten der unterdrückten Symbole dieser "diasporischen Zukunft" aufweist.

Eines der im Zentrum gelegenen Symptome der israelischen Kunst und Kunstkritik ist gerade die Entdeckung von Gleichnissen im Sprachgebrauch, die durch Rhetorik der Regierungsinteressen und durch Sprecher der örtlichen Ideologien verdrängt wurden - Gleichnisse, die mit der Geschichte verbunden sind, mit der Kultur der Diaspora, mit Soziologie, Politik und selbst mit der israelischen Anthropologie. Die kritische Stellungnahme beschäftigt sich nicht nur mit der Darstellung des Verdrängten, sondern auch mit den Mitteln der Rhetorik, mit der diese Verdrängung bewerkstelligt wurde. Sie decken die "heiligen Kühe" auf, mittels welcher durch örtliche Mythen menschliche und politische Sünden begangen wurden - zum Beispiel den Mythos des "Sabre" (des in Israel Geborenen), der die Gestalt des Juden aus der Diaspora verdrängt, die europäische Gestalt des modernen Israeli, der die Erinnerung des Juden aus dem Orient geringer einschätzt, die Besetzung und Weihung des besetzten Landes, mit dem unermeßlichen Leid, das dem palästinensischen Volk zugefügt wurde, das Verhältnis der Einwohnerschaft des Landes gegenüber dem jüdischen Volk und das Unrecht, das Minderheiten zugefügt wird. Diese kritische Stellungnahme beinhaltet eine Erinnerung an den sozialistischen Ethos und an den "Robin-Hood-Mythos". In einer Zeit, in der die israelische Kultur Sprünge aufweist in den lokalen Mythen der Zugehörigkeit zu ihrem Land, Sprünge in der Rechtmäßigkeit der Aneignung des physischen, ideologischen und kulturellen Territoriums, welches sie angeblich definiert, erschienen fast unmerklich andere Mythen am Rand ihrer Rhetorik: der Mythos der Enthüllung des Verdrängten, der Mythos der Texte, des Exils, der Minderheiten, der "Anderen".

Je strenger die Kunst mit dem Stand und Aufbau der Kommunikation in den einzelnen Gebieten und zwischen diesen Gebieten textual abrechnet, desto mehr werden auch die "Anderen" hochgespielt, als Teil der Identität, der "leeren" Gebiete und Hohlräume in den verschiedenen sprachlichen Gebäuden, von denen die Kunst definiert wird. Je mehr aber diese "Anderen", diese "Schwarzen Juden" die Gebäude, die irgendwie immer noch als "im Bau befindlich" bezeichnet werden, bewohnen, desto mehr wird sich die israelische Kunst als entwurzelt, als Einheit einer fremden Kultur, fühlen. Sie bezeichnet sich selbst als "Grenzfall", als "anders" als die anderen Kulturen des nahen Ostens. Besonders in den letzten Jahren hat sie sich bis zum fernen Osten entfernt - um sich als fremd, in der Ferne existierend, jedoch angelehnt zu bezeichnen, hauptsächlich aber - und dies ist beinahe entlang der ganzen kurzen Geschichte der israelischen Kunst zu bemerken - kontrolliert die israelische Kunst genauestens, beinahe pedantisch, ihr Verhältnis, ihre Neigung und in der Hauptsache ihr "Anders-Sein" zur Kultur des Westens, Europa und USA. Je mehr die israelische Kunst ihren Unglauben an die Bindung zum Ort verkündet, desto mehr neigt sie sich der internationalen Kunst zu, was sie aber einer Verankerung in einem topographisch definierbarem Gebiet entzieht, ebenso in kulturellen Institutionen (Familie, Nation, Museum) und in unserer Zeit - besonders in den Science-Fiction-Texten - auch in Zeit und Raum des Planeten Erde.

Es soll betont werden - wenn auch nur in Kürze - daß der Ausgangspunkt aller Wandlungen der europäischen und amerikanischen Kunst die Romantik ist, die ins Modernistische eindrang, hauptsächlich als das Gleichnis des Wanderers als Verkörperung vollkommener Freiheit, als Befreiung des Individuums von Ordnung, öffentlicher Meinung und Institutionen. Derzeit ist es die postmodernistische Weltanschauung, die als politischer und sozialer Akt Fluchtwege aus jeglicher Weltordnung aufzeigt, aus jedem Zentrum, das den beinhaltenden Elementen Bedeutung verleiht. Die postmodernistische Dezentralisierung kann aufgefaßt werden als demonstrative Polarisierung jener romantischen Fahrten, die zum Nomadentum führen können. Doch die Werte des Individualismus und der Überlegenheit des Menschen über seine Umgebung - die den Romantikern als Beweggrund jener Fahrten galt - wird von den Post-Modernen als Rationalisation und Deckung einer tyrannischen Strategie abgelehnt. Die Versuche der Post-Modernisten, die Gebräuche der Über-Institutionen der westlichen Kultur (die ja tatsächlich die Kultur des Westens und seiner Kolonien bestimmen) zu analysieren und zu dezentralisieren, hängen mit der gegenwärtigen Auffassung vom "Anderen" zusammen. Bei Fahrten und Theorien über "Randkulturen" und die "Dritte Welt", bei Versuchen der Verständigung, durch geplante Beobachtung, die heute in allen Stadien der Kultur möglich sind, entstehen Werke, die von nirgendwo überallhin wandern.

4 - **Efraim Lilian, Aus dem Buch der Ghetto-Lieder, 1900**

Doch wie intensiv auch die israelische Kunst die Definition und die Auflösung der Definition des Territoriums untersucht, im Verhältnis zu dem, was in den Zentren der westlichen Kultur geschieht, zeigt sich die Entfernung zwischen den "dekonstruktiven" Vorgängen, zwischen dem was sich hier und was sich dort abspielt. In der "Großen Welt" des Westens, bei den Überlegungen und Selbstquälereien bezüglich der örtlichen Identität, zeigt sich die israelische Kunst immer noch als beeinflußt von nationalen und romantischen Strömungen und Utopien des 19. Jahrhunderts, von denen ja der Zionismus eine Strömung ist.

Im Gegensatz dazu neigt die meiste Kunst in den westlichen Zentren dazu, alle Anzeichen von Ort und Nation auszumerzen und erklärt, diese seien weder nostalgischer Rest noch auch aktive Bestandteile, sondern Widerstände, die immer noch vorhanden sind, weil man sich an sie gewöhnt hatte, oder als eigenmächtige Autorität. Ein großer Teil der israelischen Kunst bewegt sich heute zwischen dieser Neigung zu Problemen der lokalen Identität und einer sehr flinken und rein äußerlichen Aneignung von Kulturformen, die jegliche Nationalität als Anachronismus bezeichnen, der mit der humanistischen Ideologie zusammenhängt, die ihrerseits zur Dehumanisation der ganzen Menschheit führte.

5
Silbernes Zigarettenkästchen (Bezalel-Arbeit), 1915

Anfänge der israelischen Kunst – die "Bezalel"-Periode

Die Kunstakademie "Bezalel", das erste Zentrum für künstlerisches Schaffen, wird in der allgemeinen Historiographie als Anfang der örtlichen Kunst angesehen - das heißt, als Anfang der jüdischen Kunst im Lande Israel in das historische, ideologische und utopische Mosaik der zionistischen Bewegung zu Anfang des 20. Jahrhunderts eingeordnet. Sprecher und zentrale Persönlichkeiten der zionistischen Bewegung, wie z. B. der Denker Martin Buber oder Elieser Benjehuda, der die hebräische Sprache wiederbelebte, sprachen viel über die erzieherischen und therapeutischen Aufgaben der Kunst und des ästhetischen Bewußtseins. Dies sind, ihren Aussagen gemäßt, die "Werkzeuge, die das jüdische Volk aus der Kultur des Ghettos zum Gebrauch der Sinne und zur Zuneigung zur Natur führen sollten". Theodor Herzl, Visionär des jüdischen Staates, war derjenige, zu dem Bezalel Schatz, Gründer und treibende Kraft der Akademie, hinpilgerte, um seinen Segen und die Bestätigung zur Gründung der Akademie zu erhalten. Boris Schatz schreibt in seiner Autobiographie: "Als ich fühlte, daß ich zu dieser Idee berufen und bereit war, ging ich zu Dr. Herzl, um meinen Traum vor ihm auszubreiten". - "Gut, machen wir das!" flüsterte er und fragte: "Welchen Namen geben wir der Akademie?" "Bezalel!" antwortete ich. "Das ist der Name des ersten Weisen, der unter uns das erste Heiligtum, das Wüstenheiligtum, erbaute!" Herzl wiederholte: "Ist es Zufall, daß Boris Schatz und Theoldor Herzl ihre Zugehörigkeit zum Heiligtum in der Wüste, das der Nomadengeneration, die das Gelobte Land nicht erreichte, gewidmet war, proklamieren?"

"Bezalel" wurde 1906 gegründet, noch vor der hebräischen Universität in Jerusalem (die 1925 gegründet wurde) - tatsächlich vor jeder anderen weltlichen Einrichtung im Lande. Die Akademie wurde in einem türkischen Haus untergebracht, das wie eine Festung aussah, und diejenigen, die dort ein- und ausgingen, waren in Jerusalem Fremdlinge zu Anfang des Jahrhunderts. Die Existenz der israelischen Kunst war von Anfang an durch ihre Isolation charakterisiert. "Bezalel" war eine Insel, so eine Art "Luftblase", separat von der Chronik der Geschehnisse der künstlerischen Avantgarde dieser Jahre. Die Neuerungen von Cézanne und anderen Post-Impressionisten gingen fast spurlos an den Arbeiten der Künstler von Bezalel und deren hauptsächlichem Stil vorbei - Künstler wie Mosche Lilien, Seew Raban, Jakob Kantorowitz arbeiteten nach dem deutschen Jugendstil, wie Gideon Efrat meint. Möglicherweise war es die Ähnlichkeit des Jugendstils mit der orientalischen Ornamentik, die - nach Ansicht der Bezalel-Künstler - zur utopischen Annäherung europäischer Länder an die Formen des Orients führen konnte.

Es ist aber auch möglich, daß der Jugendstil deshalb zum hauptsächlichen Stil der Bezalel-Künstler wurde, weil Boris Schatz den Handwerkern zur Verwirklichung der Utopie des Zionismus einen besonderen Platz anwies. Schatz, der in seiner Jugendzeit Kommunist war, und der auch später in seiner Sprache Ausdrücke, die dem Kommunismus zu eigen waren, verwendete, identifizierte die Kunst von Bezalel - auch ihre Existenz als nationale Kunst - als eine Art Werkstätte für handwerkliche Künstler, wie Maurer, Kupferschmiede, Konservenerzeuger, Weber, Juweliere, Erzeuger von Spielzeug - aber in der Hauptsache Teppichweber. (Schatz schreibt 1906, daß diese Arbeit für Länder paßt, die an Bodenmangel leiden oder deren Boden unfruchtbar ist, da durch die Arbeit zu Hause viele Familien auf einem verhältnismäßig kleinen Areal leben können und dadurch aktiv am Aufbau des Landes mitwirken, daß durch sie Ansiedler und Bauarbeiter den Aufbau des Landes betreiben können.) Der Begriff "Arbeit" war für Boris Schatz ein Zentralbegriff zu einer Zeit, in der die Kunst und ihre Aktivität die Dinge, die eine Gemeinde nötig hat, insbesondere die Industrie, herbeischaffen sollte. Diese Künstler-Handwerker zeichneten sich, nach den Worten von Boris Schatz, als Schöpfer, eingebunden in eine ideale Welt, aus. In den Artikeln von Schatz werden sie mehr als einmal als Akteure in einer verzauberten Welt, als aufbauende Künstler einer Landschaft, die beinahe dem Paradies gleichkommt, als Teil seiner sozialen Vision (bezüglich des Standes des Künstlers innerhalb der örtlichen utopischen Gemeinschaft) bezeichnet. Schatz versuchte ein Künstlerdorf in Jericho zu gründen, wobei er erfolglos blieb. Er gründete dann 1911 ein Künstlerdorf jemenitischer Künstler in Ben-Schemen.

Die Identifizierung der Kunst mit dem Handwerk und der Industrie teilte Schatz mit William Morris, dem Gründer der "Arts and Crafts" - Bewegung, die in England zur gleichen Zeit existierte, als Boris Schatz "Bezalel" gründete. William Morris und Boris Schatz sprachen viel von der Verbindung der Künste mit anderen schöpferischen Aktivitäten, hauptsächlich volkstümlichen. (Morris sprach sich sogar für das völlige Aufgehen der Kunst in anderen Aktivitäten aus.) Beide wollten durch künstlerisches Schaffen zu einer homogenen, harmonischen Gesellschaft gelangen, mit einem positiven Verhältnis des Einzelnen sowie der Gesellschaft zur Natur. Beide polemisierten gegen die mechanisierte Industrie, die - nach den Worten von Morris - schnelle Erzeugung ermöglicht und nur den Interessen des Kapitalismus dient, und die die Identität des Proletariats und die Fähigkeit, sich zu identifizieren - die Fähigkeit der Empathie - annulliert. Morris verband seine Gesellschaftskritik und auch seine futuristischen Ideen mit einer von ihm vorgeschlagenen Taktik, diese in einem kommunistischen Utopia zu verwirklichen, Schatz verband seine Ideen mit der zionistischen Utopie. Die große Ähnlichkeit der Ideen und der Rhetorik sind ein weiteres

Beispiel von der engen Verbundenheit der zionistischen und anderen nationalen utopischen Bewegungen im 19. und zu Anfang des 20. Jahrhunderts.

Die Zwanzigerjahre

6 - **Arie Lubin, Landschaft, 1924**

7 - **Menachem Shemi, Tiberia, 1926**

Es schien, als sei die Kunst der Zwanzigerjahre gewillt, in ihre natürliche Umgebung im Lande eingebunden zu sein. Künstler wie Nachum Gutman, Israel Paldi und Arie Lubin, die in den Zwanzigerjahren nach Palästina auswanderten, malten in einem Bild nach dem anderen ihre Trunkenheit vom Wesen des Landes, von den verschiedenen Gesichtern des Orients, von seiner Exotik. Sie zeichneten zumeist die Landschaften beleuchtet, ja sogar gegeißelt von der Sonne des Mittelmeeres, die Natur, Flora und Fauna, die für das Land charakteristisch sind, die Gestalten der Araber, Bilder von den im Lande geborenen und deren Sitten und Gebräuche, ihre Aktivitäten, ihre Dörfer, Ziegenhirten, Erdarbeiter, angesiedelt in der Landschaft, für die Gemeinden charakteristische Aktivitäten die in organischer Verbindung mit der örtlichen Natur stehen. Körper, Gestalten der örtlichen Lebensweise wurden in symbolischen Stilarten gemalt, Primitivismus und naive Malerei (viel Rousseau) wie sie in der Avantgarde der Kunst zu Anfang des Jahrhunderts formuliert wurden. So wurde eine Ziegenhirtin von Gutman als mit beiden Beinen in den Boden gepflanzt dargestellt, sie wächst förmlich aus dem Boden wie ein primitiver Totem (eigentlich die Gestalt eines westlichen Gemäldes, das seine Gestalten mit Masken primitiver Kunst versieht). Die frühen Ansichten von Tel-Aviv wurden im Geiste der Bilder von Paul Cézanne oder als Fata-Morgana-Landschaft der Länder des Orients, wie Paul Klee sie schuf, dargestellt, insbesondere von Arie Lubin. 1926 malte Josef Saritzki durchsichtige Landschaften von Jerusalem, in denen Bäume und Häuser gleichsam schweben - ein Ort beleuchtet von einem exotischen und bezauberndem gelben Licht, oder durchflutet von einem kühlen und reinen Weiß. Die naturalistisch detaillierte Darstellung des üppigen orientalischen Reichtums an Pflanzen (Dattelpalmen, Zitruspflanzungen) in den Bildern von Gutman, deren Aussehen oftmals an die Landschaften von Rousseau erinnerte, gaben den gemalten Landschaften einen Anstrich des Phantastischen, ein Bild vom Paradies. Die Gestalten der Araber zeremoniell in Ruhestellung dargestellt - im Hintergrund exotische Farben, teils abstrakt - ergeben fast das Bild einer Ikone. Diese Bilder scheinen eine genaue Beobachtung der spezifischen Gegebenheiten, der Gestalten, Kultur, Landschaften, Pflanzen und insbesondere des Lichtes zu sein. Diese Aufzählung geht jedoch Hand in Hand mit der Mythisierung des Ortes: dadurch, daß ihm ein archaisches Aussehen gegeben wird - abstrakt, idealisiert, ikonenhaft und symbolisch - wird ein wachsamer Blick auf diese Neigungen in der Kunst entdecken, daß der Eifer der Mythisierung bereits Risse aufweist, in der Wirklichkeit einer Welt, die sie darzustellen wünscht. Bereits Uri Awneri und Jigael Zalmona schrieben, daß die Morphologie und Symbolik der neuen hebräischen Kunst sowie die Mythologie, durch welche sie sich selbst zu schaffen trachtet, auf Grund von Motiven und Stereotypen der Diaspora geformt wurden - die Antithese der Selbsteinschätzung des Hebräers. Unter Verwendung der Terminologie von Freud diagnostiziert Zalmona den neuen Juden, auf Grund der charakteristischen örtlichen Typen, z. B. der Araber. Dieses Modell, meint er, vermeidet durch seine Selbständigkeit die Neigung zum "Mord am Vorvater". In anderer Formulierung können wir sagen, daß die Gestalten in diesen Bildern die Gestalt und Kultur der hierorts Geborenen erben wollen (falls vom "Vater" die Rede ist), während eine Neuorganisation der Formen vorgenommen wird. Er saugt seine Kraft aus jenen hierorts Geborenen, mit dem Ziel, aus ihnen weiterzuwachsen, wie aus einem genealogischen Anfangspunkt. Doch diese Vater-Sohn-Verhältnisse sind, laut Zalmonas Ansicht - ohne irgend eine echte organische Bindung an die Vatergestalt (den Araber) und wurden dem diasporaischen Bewußtsein zur Last, das vor dem "Goj" zurückschreckt, gleichzeitig aber Sehnsucht leidet nach dem natürlichen und gesunden Leben des von ihm sich Unterscheidenden.

Das "Arabische" oder Orientalische" in den Schöpfungen von Gutman wurde zu einer mentalen Kategorie. Die Tatsache, daß sich die Gestalt des Arabers in einen Mythos verwandelt, genügt, um zu zeigen, wie es den jüdischen Ansiedlern gelang, ihren Wunsch, sich auf natürliche Weise als authentischer Teil des Orients zu integrieren, zu erfüllen. So funktioniert gewiß der Entwurf des westlich-romantischen "edlen Wilden". Das Erwachen aus dieser Illusion und als Konsequenz davon die Entfernung des Arabers aus dem Vordergrund in der örtlichen Kunst war, wie Zalmona hinzufügt, ein Nebenprodukt des Pogroms in Hebron (1929) - ein weiteres Zeugnis für die Fremdheit des Juden in der neuen Umgebung, die er sich aneignen wollte.

Die stereotype Formulierung der örtlichen Gestalten - von vorneherein stereotyp und strukturalisiert - ist eine textuale begriffliche Kommunikation mit diesen Gestalten. Eine solche Einstellung, die die unmittelbare Berührung mit den Plätzen und der Natur vom Lande Israel vermeidet, kann mit dem Weltbild verbunden sein, das die Diaspora vom Lande Israel zeichnet - als ein Ort, der erst am jüngsten Tag erkannt werden kann. Die mittelbare Kunde der Natur (und der Landschaft) kann auch als Indiz des Ausdruckes der mystischen Welt des Juden der Diaspora, der als "Büchermensch" identifiziert ist, gewertet werden. Wenn Zalmona in der Art der Darstellung der am Ort Geborenen - der Araber - Symptome der Gestalt des Vorvaters von Freud sieht, kann man seine Auffassung weiterführen und sagen, daß angesichts der Darstellung der Gestalt des Vaters in Form einer textualen Feststellung keinerlei Kommunikation mit ihm möglich ist, keinerlei Dialog oder Empathie, auch keine Identifikation - somit handelt es sich um eine vorsymbolische Gestalt, deren "anderes" - das zweite - Gesicht das des "obszönen Vaters" ist.

Diese Anfangsmomente der örtlichen Kultur, genau der Moment, in dem sie versucht, sich selbst als Antithese der Judenheit der Diaspora zu definieren, wurden auch von Uri Awneri erkannt und als vom Diaspora-Syndrom verfolgt bezeichnet. Awneri betont, daß die Idee der Pionieridentität - welche die Wesenszüge des entwurzelten, wandernden Diaspora-Juden wandelte und das Bild des neuen Juden im Rahmen des Zionismus schuf - einen besonders scharfen Ausdruck in den Dreißiger- und Vierzigerjahren fand. Das Pionierethos vom Anfang des Jahrhunderts wurde radikalisiert. Zusammen mit dem wachsenden Nationalgefühl während des Kampfes mit den Engländern und den Arabern, und nach der Welle des Antisemitismus, die mit dem Holocaust ihren Gipfel erreichte, wurden alle Anzeichen der Diaspora-Mentalität fanatisch aus der Kultur entfernt, die hebräische Kultur sollte authentisch sein. Die Gestalt des "Sabre", die bereits vorher gegen den "alten" Juden eingetauscht wurde, wurde nun zum neuen "Hebräer-Juden", der seine Identität aus den topographischen, geographischen, klimatischen und demographischen Gegebenheiten seiner physischen Umgebung bezog - sowie auch aus den Resten der Kultur der Vergangenheit, die in der örtlichen Erde liegen. Damals wurde die Gestalt des "Sabre", wie Uri Awneri schreibt, "unter Adoption vieler Ausdrücke des arischen Modells von Europa" ausgeprägt. Der "Sabre" wird als hochgewachsen, blond und blauäugig beschrieben. Auf makabre Art wurde dies beinahe grausam bestätigt, da das Modell des Juden der Diaspora aus allen Territorien - geographisch wie geistig - verdrängt wurde.

8 - **Anna Ticho, Felsen in Mozza (bei Jerusalem)**

Die Dreißigerjahre

Die jüdischen Künstler, die bereits in Palästina wohnten oder gerade erst ankamen, setzten - etwa so wie die "New-Yorker-Schule" - die ja ebenfalls aus Emigranten aus Europa bestand, die Zuwendung zur europäischen Kunst und zum Modernismus der Europäer fort und verstärkten sie sogar, hauptsächlich zur französischen und deutschen Avantgarde von damals. Mit den Dreißigerjahren und während dieser Zeit wächst der deutsche und französische Einfluß und verdrängt die Identität der Künstler des Orientalismus und der Ortsgebundenheit. Eine Zeitlang fiel der Vorhang über den "Ort" und den Blick auf ihn. Die Pariser Schule und die vielen Schattierungen, die dort vertreten waren (die zeitgenössischen sowie auch die historischen), beeinflußten damals alle. Courbet und Corot waren Quellen des Einflusses auf Zvi Schorr und die Post-Impressionisten waren die Quellen der Inspiration von Künstlern wie Shemi, Stematsky und Aroch. Die jüdische Schule, die damals in Paris aktiv war - hauptsächlich Chaim Soutine - war beinahe noch effektiver.

Der französische Einfluß ist hauptsächlich bei denjenigen Künstlern, die damals - in den Dreißigerjahren - in Tel-Aviv ansässig waren, zu erkennen; Itzhak Frenkel, der schon 1920 in Paris war, eröffnete 1925 eine Werkstätte für Künstler wie Mordechai Levanon, David Hendler, Sima Slonim und andere, die während des Tages als Pioniere arbeiteten und abends kamen, um Kunst zu studieren. Josef Zaritzky und Avigdor Stematzky - die später als Väter der Avantgarde der abstrakten Malerei in Israel galten - zeichneten in jenen Jahren, beeinflußt durch Cézanne, die Landschaften des Landes. Der Aufbau und die Atmosphäre der Alleen, Straßen, Dorfwege, sind, wie Dorit Levite schreibt, französisch: "der französische Einfluß füllt einen Hohlraum. Wegen der Verfremdung der panoramischen Kunst fangen israelische Landschaften an, dunkler und beinahe französisch zu werden - Maler malten Frankreich in Israel."

Infolgedessen fahren in den Dreißigerjahren immer mehr Künstler nach Paris, fast kann man sagen: sie pilgerten dorthin. 1930 fuhr Stematsky dorthin und erklärte die Reise später als eine Antwort auf ein Gefühl der Isolation. "Wir fühlten uns losgelöst. Als ich nach Paris fuhr, gab es im Lande Israel kein Museum und keine Galerie, Reproduktionen waren sehr selten. Das Minderwertigkeitsgefühl gegenüber der französischen Malerei war so stark, daß wir uns als Studenten fühlten. Ich wohnte im Quartier Latin, dem Quartier der Studenten, nicht in Montparnasse, dem Quartier der Malerei." Für manche Künstler war die Begegnung mit Paris traumatisch. Paldi z. B. vernichtete alle Arbeiten, die er vorher gemachte hatte und Arie Aroch schreibt Jahre später (1974) über seine erste Reise nach Paris, er eri nere sich an sie wie an eine schwere und quälende Kindheit. "Als ich dorthin kam, fühlte ich eine große Verwirrung, konnte mich selbst nicht finden und ging wie betäubt durch Museen und Galerien . . . Die Wichtigkeit der Pariser Schule war ihr negativer Einfluß, und während langer Jahre fand ich keine Verteidigung für mich gegen die seelischen Leiden und Gefühle schwerer Verzweiflung, welche diese Erscheinung mit verursachte - vom ersten Moment an, als ich sie kennenlernte; 1934, als ich 26 Jahre alt war, fühlte ich, wie sich dieses Thema bei mir immer mehr vertiefte und sich in etwas verwandelte, das einer schweren Kindheit glich."

Wegen des wachsenden Einflusses der Berührung mit der Kunst und der Kunstsoziologie aus Frankreich wurde 1932 eine Monatsschrift namens "Gazit" (Behauener Stein) herausgegeben, im gleichen Jahr wurde in Tel-Aviv das Kunstmuseum eröffnet und Marc Chagall wurde als Berater eingeladen. Zur gleichen Zeit wurden in Tel-Aviv zwei Werkstätten zwecks Erlernung der Malerei eröffnet: 1932 eröffnete Zaritsky eine solche Werkstätte, doch schon ein Jahr davor, als Stematzky aus Paris zurückkam, wurde er von einigen Künstlern (Jechiel Kriese, Pinchas Abramovitz, Rafael Moewe und Amiram Tamari) gebeten, eine Lernwerkstätte für Malerei zu eröffnen. Stematzky: "Wer nach Paris gefahren war, dessen Rückkehr war ein Ereignis. Zu denjenigen, die Reproduktionen mitgebracht hatten, kam man, um diese zu sehen. Chaim Attar, der Bäcker im Kibbuz Ein-Harod war, fuhr nach Tel-Aviv um ein einziges Bild zu sehen - an diesem Tag gab es kein Brot".

In den Dreißigerjahren, während der französische Einfluß hauptsächlich bei den Künstlern, die in Tel-Aviv wohnten und arbeiteten, fühlbar war, war Jerusalem die Festung derer, die von der deutschen Avantgarde beeinflußt waren, von den Expressionisten wie Max Liebermann, Lesser Uri, Lovis Corinth, Paul Klee, Wassily Kandinsky, Otto Mueller. Es gab jedoch auch noch die Einflüsse der rationalistischen Bewegungen, z. B. des "Neuen Objektivismus" und des "Bauhauses".

Die meisten Künstler, die in den Dreißigerjahren nach Jerusalem kamen, waren ein Teil der großen Emigrationswelle jüdischer Intellektueller aus Deutschland, nachdem dort die Nazis ans Ruder gekommen waren. Ihr Hintergrund war zweifellos tragisch: das Losreißen aus der deutschen Mutterkultur war ein Trauma, das wohl auch andere jüdische Intellektuelle traf, wie z. B. Walter Benjamin und Erwin Panofsky. Die Schwierigkeiten der Einordnung und des Lebensunterhaltes und ihre isolierte Existenz, als Randerscheinung, beinahe verstoßen aus der Gemeinschaft der örtlichen Künstler, die allem, was nicht gerade aus Frankreich kam, feindlich gesinnt waren, sind an der Geschichte des Malers Miron Sima leicht zu erkennen: "In Tel-Aviv existierte damals das berühmte Café 'Scheleg Halevanon', dort saßen Zaritsky, Frenkel und andere Künstler; Leo Fein lud mich dorthin ein, um mich mit diesen Künstlern bekannt zu machen. Zaritsky fragte mich: 'Sie kommen aus Deutschland?' - 'Ja!' erwiderte ich. 'Die Deutschen haben überhaupt keine Malerei!' behauptete er. Ich versuchte, ihm zu erklären, daß die Deutschen sogar sehr wichtige Maler hätten, daß die moderne Kunst aus Deutschland gekommen war - Bauhaus, Kokoschka, Paul Klee, Otto Dix usw. Ich fühlte mich sehr fremd. Ich sah den Abgrund zwischen ihrer ästhetischen Richtung und unserer, weniger glänzenden".

Als Reaktion auf diesen "Abgrund", die Isolation und das An-den-Rand-gedrängt-Sein vom örtlichen Kunstestablishment schufen sich die Künstler, die aus Deutschland kamen, ihre eigenen "Verbände". Sie hatten ihre eigenen Kaffeehäuser ("Taamon" in Jerusalem) gemeinsame Ausstellungen und sogar Galerien (Schlusser in Jerusalem, Mikra-Studio in Tel-Aviv). Dort sprachen sie deutsch, blätterten in deutschen Büchern über Theater und Kunst. Das waren die "Luftlöcher", die "Isolationszellen" der deutschen Kultur außerhalb ihres eigenen Territoriums wie auch außerhalb des physischen und kulturellen Territoriums, in dem diese Künstler tatsächlich existierten.

Innerhalb der Jerusalemer Gemeinde waren damals auch Künstler aktiv, die kamen, ehe die Nazis in ihren Geburtsländern an die Macht gekommen waren. Hervorragende Beispiele sind Ludwig Blum aus der Tschechoslowakei sowie Anna Ticho und Leopold Krauer, beide aus Österreich. Diese drei malten Jerusalemer Landschaften, Landschaftsteile sowie die Berge rund um Jerusalem. Die Linienführung sieht wie die eines empfindlichen Seismographen aus - sicher und zögernd zugleich. So zeichnen

9 - **Jakob Steinhardt, Jerusalem, 1940**

10 - **Mordechai Ardon, In der Negev-Wüste, 1955**

Krauer und Ticho ein isoliertes Jerusalem mit der Flora einer unfruchtbaren Gegend, leer und empfindlich. Beide, so schreibt Gideon Ofrat, sind "Zeichner der Einsamkeit der Jerusalemer Landschaft". Beide zeichnen hauptsächlich die Felder und Berge der Umgebung, als zeichneten sie die eigene Stellung an den Grenzen, an den Rändern, entfernt von der Stadt, unfähig, sich ihr zu nähern. Die Linienführung, das expressionistische Können und die Macht dieser expressionistischen Bilder drücken Einsamkeit aus. Manches wird von anderen Jerusalemer Künstlern benutzt, wie z. B. von Steinhardt und Bodko. Gideon Ofrat beschreibt, wie bei Steinhardt äußerst pathetische Beschreibungen der Dunkelheit und des Unglücks des "Schtetl" erscheinen, und bei Bodko "nehmen den Platz der Häuser des jüdischen "Schtetl" und seiner Gäßchen die Gassen von Meah Schearim ein". Meah Schearim - ein Stadtteil von Jerusalem - ist ein ganz besonders religiöser Bezirk, damals wie heute, und sieht aus als sei die Zeit nicht vergangen. Dort besteht ein Ghetto, als sei es Teil einer Stadt in der Diaspora, isoliert und völlig separat von der kulturellen Dynamik der Umgebung. Und durch Bodko wird also Jerusalem als jüdisches "Schtetl" der Diaspora gesehen.

Die von fern her gebrachten Stilarten dienen manchmal als "Gerät" zur Fahrt über Zeit und Raum zu fernen und mythischen Orten. Der deutsche Expressionismus wird oftmals zur Abbildung von Themen und Gestalten aus der Bibel verwendet. Wie Ofrat schreibt, vermischen sich auch mythische Gestalten und Motive mit Gestalten der Gegenwart. Diese wurden im gleichen Stil und aus der gleichen - gleichsam entfernten - Einstellung heraus idealisiert wie mythische Gestalten aus der Vergangenheit. "Nach einem Besuch im Kibbuz Afikim zeichnete Saba 1944 Motive aus dem Kibbuz an die Wand: Die Gestalt eines Mannes aus dem Kibbuz, den Wasserturm, den Speisesaal usw. Hier kann man auch von einer 'Neuen Sachlichkeit' reden, die man aus Deutschland kannte... Zwischen 1945 und 1954 erschienen Themen der Arbeit in den Kibbuzim, Variationen von Themen wie z. B. 'Der Hirt' und 'Die Schafschur' als monumentale Arbeiten an der Seite biblischer Motive".

Der bedeutendste Versuch, die Symbole der jüdischen Tradition und Religion, des jüdischen "Schtetl" und seines Niedergangs und die "Texte" kosmischer (metaphysischer) Symbole der deutschen Avantgarde (Bauhaus, Klee, Kandinsky) zu vereinen, wurde in diesen Jahren - und auch später - in den Werken von Mordechai Ardon unternommen. Die von ihm dargestellten Landschaften wurden vereinfacht, der wirklichen Dimensionen entleert, sie bekommen theoretische Dimensionen, damit ihr Aussehen in das eines anderen Ortes umgewandelt wird. Das "himmlische Jerusalem", das Bedeutung als Form und Symbol, Andenken an heilige jüdische Texte, Symbole der Kabbalah, talmudische Erinnerungen, Seiten aus heiligen Schriften, Abschnitte von Schriftrollen übermittelt, verwendete die Ausdrucksweise, die Formgebung und die "absoluten" Symbole, die vom "Bauhaus" geschaffen worden waren. Mit dieser Mythisierung der Orte im Lande Isreal, mit der allegorischen und symbolischen Bedeutung, die er ihnen beimaß, zog Ardon zu Beginn der Vierzigerjahre merkwürdigerweise auch die Aufmerksamkeit lokaler Künstler wie der "Kanaaniter" (mit denen er ideologisch überhaupt nichts gemein hatte) auf sich. Der Charakter seines Werks isolierte ihn aber auch innerhalb der Geschichte der lokalen Avantgarde, in der er keine zentrale Stellung einnimmt. Ardon, Sohn eines Juweliers und Uhrmachers, der seiner Aussage nach "aus der Erinnerung an sein Vaterhaus die Mystik der Zeit lernte" war derjenige, der den "Ort" als "zeitlosen Ort" zeichnete, indem er die konkreten Anzeichen der Zeit ausließ. Er blieb jahrzehntelang beim gleichen symbolischen Stil, fast gänzlich ohne Verbindung zur Dynamik und Veränderungen der Avantgarde-Bewegung jener Jahre. Ardon ist gewiß eines der hervorragendsten und tragischsten Beispiele für "Autismus" und "Zeitentrücktheit", die die israelische Kunst damals und in gewisser Weise auch heute charakterisiert.

Die aus Deutschland übernommenen Traditionen der Malerei und des Holzschnitts wurden manchmal auch auf Themen angewendet, die an den Orient gebunden sind. Ein hervorragendes Beispiel hierfür ist der Künstler Rudi Lehmann (der im Jahre 1933 aus Deutschland auswanderte), der Holzschnitte und Statuen anfertigte, die expressionistisch sind und zugleich an ägyptische und sumerische Statuen erinnern.

Mit der Zeit zeigte sich auch bei den Künstlern und Kritikern, die im Schatten der französischen Einflüsse existierten, eine Gegenströmung gegen diese äußeren Einflüsse. Menachem Shemi, der die französische Kunst so sehr bewundert hatte, wendete sich später, wie Levite schreibt, "der Kunst des Orients zu. . . Eine mehr mechanische Rückkehr zum Orient, eine Art spekulativer Rückkehr charakterisiert die Arbeiten von Kastel." Doch die betonteste Rückkehr zum Orient, der als "Ort" entdeckt wurde, war die Bewegung des "Kanaanismus" - die Tendenz zur Rückkehr nach Kanaan, seinen sichtbaren künstlerischen Ausdrücken war wahrscheinlich die Sehnsucht - eine beinahe verzweifelte Sehnsucht - einen Blutbund mit der Scholle zu schließen, um Zugehörigkeit zu diesem kulturellen und geographischen Ort proklamieren zu können.

Die Vierzigerjahre

Der Gründer der kanaanitischen Bewegung und ihre zentrale Gestalt war der Dichter Uriel Schelach, später bekannt unter dem Namen Jonatan Ratosch. In seiner Jugend gehörte er der rechten revisionistischen Bewegung an, doch zu einem gewissen Zeitpunkt schied er aus ihr aus. Im Jahre 1939 kam Ratosch aus Paris zurück und begründete den "Rat zur Gestaltung der hebräischen Jugend", der später unter dem Namen "Kanaanismus" bekannt wurde. Der Gruppe, die sich um Ratosch formte, gehörten u. a. der Dichter Ahron Amir und der Bildhauer Benjamin Tammuz an, und manche behaupten, daß wenigstens eine zeitlang auch Itzhak Danziger dabei war. Es waren auch führende Vertreter des "Palmach", einer paramilitärischen Organisation der hebräischen Ansiedler vor der Staatsgründung, dabei. Es war dies eine zahlenmäßig beschränkte Gesellschaft, mit beinahe sektenhaftem Charakter, doch hatte sie großen und suggestiven Einfluß auf soziale und kulturelle Systeme. Die Ideologie des "Kanaanismus" war eine Neuerschaffung des Volkes der Hebräer, das nur hebräisch sprechen, in einem definitiven Territorium leben sollte, definitive eigene Interessen hat, ein selbständiges Leben auf eigenem Boden und daher die Entfernung des englischen Mandats anstrebt, das sich völlig von der jüdischen Diaspora separiert (die Diaspora stellt, der kanaanitischen Lehre zufolge, kein Volk sondern eine Religionsgemeinschaft dar) und schließlich die Einpflanzung des hebräischen Volkes in den geo-ethnischen Raum in dem es sich befindet. Nach Auffassung der Kanaaniter war dies aber der gesamte Raum der "fruchtbaren Mondsichel" vom Nil bis zum Euphrat. Außerdem wollten die Kanaaniter die alte hebräische Kultur mit ihren Mythologien und mythischen Wurzeln in der Bibel ebenso wie in den heidnischen Religionen dieser geo-ethnischen Region neu beleben und nähren, insbesondere durch materielle Zeugnisse dieser Kulturen (Werkzeuge, Götzen), durch die Wiederverwendung ihrer, nach den heidnischen Kulturen gebildeter Vorstellungen von zyklischer und ewiger Rückkehr. Dies diente den Kanaanitern als eine Art Beschwörung, die sie

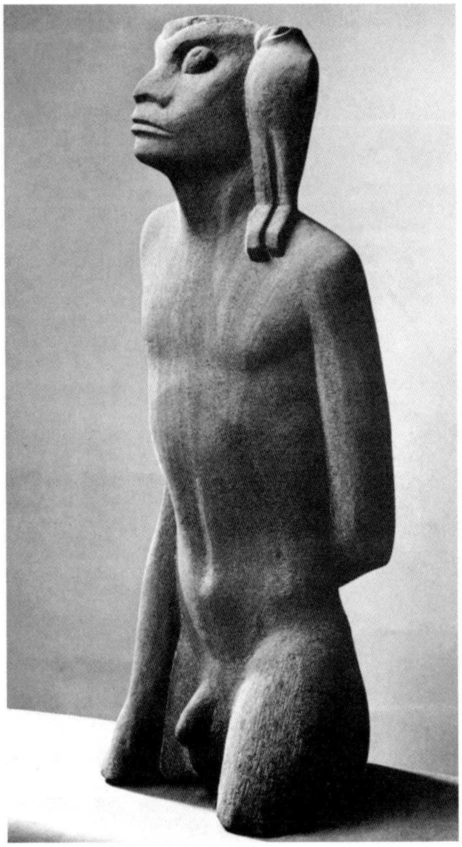

11 - Itzhak Danziger, Nimrod, 1938/39

befähigen sollte, Lebenskraft und Macht aus den örtlichen heidnischen Kulturen zu saugen. Von den Spuren der heidnischen Kulturen, von den magischen Aspekten, die ihren Sprachen, hauptsächlich aber ihren Fetischen zugeschrieben wurden, die man in der Erde fand (manche davon zeugen von erdverbundenen Ritualen und ihrem Wesen), erwartete man, daß sie den Boden fruchtbar machten - den Boden der Region, der hebräischen Kultur, die sich selbst mythisch und magisch erneuerte. Als Ersatz sollte die Auffindung, Existenz und Wiederverwendung dieser rituellen Fetische der Kanaanitern eine magischere und holistischere Dimension verleihen, eine Dimension, die immer umfassender war als die historische. Die Leidenschaft der Kanaaniter zur Erde drückt sich, wie Jigael Zalmona erklärt, in der Erhebung der archaischen Mythen, im Kult der Wurzeln und der Erde und auch in der Besessenheit der Archäologie aus: "Dieses Graben in der Erde, um Reste der Vergangenheit zu entdecken, die Spuren deiner mythischen Kindheit . . ."

Im Gegensatz zum humanistischen jüdischen Zugang, der sich durch textuale Mechanismen ausweist (die in gewisser Weise den Strukturen der Sprache ähneln, die Walter Benjamin "gespenstisch" nennt), wollte die kanaanitische Bewegung die phantastische heidnische und magische Identität verstärken, und deshalb hielt sie in höchstem Maße an der materiellen Dimension fest, am physischen und materiellen Zeugnis (das Benjamin als Kultzeugnis, als "auratisches" Objekt charakterisiert) der mythischen Erinnerungen der Gegend. Es ist daher nur natürlich, daß die "Kanaaniter" versuchten, im physischen Auftreten ein heidnisches Stammesverhalten anzunehmen (der Klatsch wußte von kanaanitischen Orgien zu erzählen, die der Göttin Astarte geweiht waren, und die als ein Teil der Aktivitäten der Kanaaniter abgehalten wurden) und insbesondere in den bildlichen Darstellungen die heidnische Skulptur wiederzuverwenden, die Götzenbilder aus der Region der "fruchtbaren Mondsichel". Benjamin Tammuz, der, wie bereits gesagt, ein prominenter Aktivist der kanaanitischen Bewegung war, rekonstruierte die Geschichte der Bewegung und schreibt: "In den Heften 'Alef' (offizielles Organ der kanaanitischen Bewegung) der Vierzigerjahre befinden sich im Überfluß Aufsätze über Irak, über das Tal des Euphrat-Flusses, die Göttin Anath, Baal, Astarte. Die Augen werden zu einer Kultur von Kulten erhoben, in deren Zentrum Götter stehen, deren geheiligte Altäre Bildhauerei in Stein sind. Das ist der Schlüsselpunkt. Die kanaanitische Kunst ist in der Hauptsache die der Skulptur in Stein, die sich zwischen Skulptur und Architektur bewegt. Sie versucht, das jüdische religiöse Verbot zu überwinden, das jegliche Form von Skulptur in der jüdischen Gesellschaft verbietet".

Obwohl nur wenige Künstler sich dieser Gemeinschaft in den Vierzigerjahren annäherten, sind dennoch ihre Ideen und die Seiten des Materialismus, die durch ihre Rhetorik betont wurde, von großem Einfluß auf die Welt der Materialien, der Darstellungen und der Formen der Kunst, hauptsächlich der Bildhauerei, der Reliefs und des Mosaiks der Vierzigerjahre. Die vielfache Verwendung von Stein und anderen örtlichen natürlichen Materialien, ihre Verwendung von Bildern und Formen, die stark beeinflußt waren von den heidnischen Kulturen der Vergangenheit in dieser Gegend, wird dies gewiß bezeugen.

In einem retrospektiven und kritischen Blick mag man die beinahe barocke Darstellung der Kanaaniter betrachten, die in der Erde und in der Vergangenheit gruben - und diese Aktivität sollte kein Ausdruck des Sich-Eingrabens sein, sondern eher ein Versuch, alle Anzeichen der Verfremdung und des Fernseins von diesem Ort endlich zu begraben.

Die Fünfzigerjahre und danach: "Neue Horizonte" und die Lyrische Abstraktion

Eine Gruppe, die Nebelschwaden über der kurzen Chronik der israelischen Kunst hinterließ, war "Neue Horizonte". Die örtliche Kritik, die sie anfangs verrissen hatte, pries sie am Ende als die "neue Avantgarde", diejenigen Künstler und Kunstkritiker, die ihr eigenes "Magnetfeld" erzeugten, führten Zwiesprache mit ihnen.

"Neue Horizonte" - der Anfang der israelischen Avantgarde - wurde 1948, eine Woche vor der Staatsgründung, gegründet, und zwar aus rein praktischen, organisatorischen Erwägungen: Josef Zaritsky gründete sie zum Zweck der Organisation und Administration der Ausstellung israelischer Kunst innerhalb der Biennale von Venedig, die damals stattfand. Später wurde der Versuch unternommen, z. B. von Jechsekiel Streichman, über eine ideologische Linie zu reden, die aber nur sehr nebelhaft formuliert werden konnte, denn - wie Dorit Levite schreibt - handelte es sich hier um eine Gruppe von Suchenden, infolgedessen konnten sie auch keine einheitliche Ideologie haben.

Die Stilarten der Mitglieder von "Neue Horizonte" waren sehr verschieden. Die Wichtigkeit dieser Gruppe lag darin, daß sie überhaupt angesichts der Politik der damaligen örtlichen Kunstszene existieren konnte. Eine Definition als Kollektiv war nicht vorhanden, die einzelnen Mitglieder fanden diese Organisation einfach praktisch. Man könnte mit Deleuze und Guattari von einer "Sprache am Rande" reden, die "immer durch die Gemeinschaft definiert wird und im Interesse der gemeinschaftlichen Politik funktioniert." Die Gestalten (die Künstler) brauchen einen Ausgangspunkt, um die Kommunikation mit ihren Mitmenschen fortsetzen zu können. Diese Gestalten sind aber "Übergangsgestalten", die nach Victor Turner keinerlei Eigendefinition besitzen und bereit sind, sich mit ihren Mitmenschen - "Doppelgängern" - zu vereinigen. Turner betont die große Solidarität zwischen diesen Doppelgänger-Gestalten (jede ist ein Doppelgänger einer anderen identitätslosen Gestalt), die an diesem "Übergangszustand" teilhaben. Und sowohl Turner als auch Deleuze und Guattari, wenn sie über "Randgruppen" schreiben, betonen die ungeheure Aggression (die nach Deleuze und Guattari die Projektion eines Wunsch-Rhizoms ist, das nicht von Schranken und "Masken" der Identität eingeschränkt und von sprachlichen Strukturen definiert wird), zu der "eingrenzende Gesellschaften" allem Fremden gegenüber tendieren. Der interne Totalitarismus einer Gruppe, die sich hauptsächlich um Zaritsky scharte, und der Ausdruck von Ächtung und Gewalt gegenüber Künstlern, die nicht zu dieser Gruppe gehörten - man weigerte sich zum Beispiel, an Ausstellungen teilzunehmen, in denen nicht zur Gruppe gehörende Künstler vertreten waren - waren ein nicht unbeträchtlicher Aspekt der Verhaltensweise der zentralen Künstler der Gruppe "Neue Horizonte".

Es gab einige Stilarten innerhalb der "Neuen Horizonte", die späteren Künstlern ihren Stempel aufdrückten: die "Geometrische Abstraktion", aber hauptsächlich die "Lyrische Abstraktion. Diese Malerei versuchte nicht nur, sich den abstrakten Stilarten, die sich in Europa herauskristallisierten, anzuschließen, sondern auch, diese der hiesigen Landschaft anzupassen. Eine örtliche Kunst mit einer Neigung zur Natur wurde gebraucht, die Jahreszeiten, Gedeihen und Verwelken als Quelle ihrer Inspiration benutzte, und diese Künstler wurden als "Gründer der israelischen Avantgarde" angesehen. Die Künstler der "Neuen Horizonte" - Josef Zaritsky, Avigdor Stematsky, Jechsekiel Streichman, Zvi Mairovich, Eliahu Gat, aber auch ein Künstler wie Itzhak Danziger, der als ein Pionier der lokalen Kunst gilt, insbesondere der in den Siebzigerjahren entwickelten Konzeptkunst und des Environment - hielten daran fest, ihre eigene Arbeit als "Medium" zu betrachten, das von den Rhythmen der Natur "infiziert" war, von der Natur des Ortes und der Figuren, die in diesem Rhythmus arbeiteten. Mairovich: "Wind und Regen machen die Erde braun. Sie wird braun, Wind und Regen geben ihr abstrakte Formen . . . die Jahreszeiten sind meine Abstraktion . . ."

12 - **Josef Zaritsky, Yehiam, 1960**

Der Vorgang der Abstraktion in der Malerei sollte also sowohl "aus der" als auch "in die Periodizität der Natur führen, sollte zu ihr eine spiralenförmige Beziehung haben: er ist sozusagen der Anfang der Landschaft, vereinfacht indessen die Einzelheiten und wandelt die Landschaft sodann zu offenen, abstrakten Formen, zu malerischen Rhythmen, er kopiert-rekonstruiert dieselben elementaren Rhythmen der Malerei, gibt das Wesen der Natur in geläuterter Form wieder. Die malerische Abstraktion wurde durch Jona Fischer als "Transposition" definiert. Zaritsky, so behauptet Fischer, der sich nach dem Nachtigallenschlag in der Landschaft seiner Kindheit in der Ukraine sehnte, versuchte als Ausweg, die Landschaft des Landes, in dem er lebte, zu malen, so verschieden sie auch war; so entstand das lyrische Aussehen seiner Arbeiten. So wurden die Landschaft von Jerusalem und Zuba in seinen Gemälden zur ukrainischen Landschaft - oder auch zu jeder Landschaft, in jeglicher Natur. Die Abstraktion, die der Landschaft ihren eigenen Charakter nimmt, nimmt ihr auch die Fremdartigkeit. Die Malerei von Zaritsky, Streichman, Stematsky sowie anderer Künstler der Gruppe "Neue Horizonte" bezog sich oft auf verschiedene Trends der Abstraktion: auf Cézanne, den Kubismus, Braque, das Informel. Aber man muß bedenken, daß die postimpressionistischen Stile zu der Zeit, zu der sie hierzulande als Avantgarde galten, in Europa, wo sie entstanden waren, schon als Anachronismus betrachtet wurden. Diese Stilarten wurden auch lediglich zur pragmatischen Verwendung adopitiert, nicht aus ästhetischen oder kulturellen Gründen. Die Malereien der drei Künstler, die unter denen der "Neuen Horizonte" als die größten galten - Zaritsky, Stematsky und Streichman - neigen dazu, ihren Aufbau zu verwischen und verschleiern, und dies ist nicht wenig verantwortlich für das Beiwort "lyrisch". Diese "lyrische Abstraktion" wurde charakterisisiert durch Formen, Linien und Liniennetze, die durch Verwendung von weißer Farbe oder aufgehellter Farbe wie eine Wolkenschicht diese Arbeiten bedecken. Diese "Nebelschwaden" charakterisieren nicht nur die "lyrischen Abstrakten" wie Josef Zaritsky, Avigdor Stematsky, Jechsekiel Streichman, Leo Fein, David Lanbar, Zwi Mairovich, sondern kamen als Erbe auf spätere Künstlergenerationen von Künstlern wie Rafi Lavi, später sogar Zwi Geva, Nurit David und Ido Bar-El.

Die weißen Flächen in den Arbeiten dieser Künstler sehen wie Verschleierungen oder Vorhänge aus, die die "direkten Elemente" - sprich: Die "Wirklichkeit" - verwischt und verschleiert. Doch gerade da, wo dieser "Vorhang", dieser "Schleier" das Bild verwischt, zeigt sich, daß diese Sprache aus einer anderen Gegend stammt. In der Verschleierung deckt die israelische Malerei ihre eigene Symbolisierung zu.

Solche Anzeichen in der Kartographie der Malerei von Zaritsky sind Anzeichen der Abstraktion der Landschaften des Landes. Hier verbinden sich Flecken, Knäuel von Pinselstrichen und von Farblinien, die oft wie Flickwerk aussehen. Durch das "gespaltene" Aussehen mag auch die Darstellung einer "anderen" Welt angedeutet worden sein, die durch die Spalten erspäht werden könnte, oder aber Gewebe von Haut und Sehnen, die früher da waren. Die neue Identität beginnt zu straucheln. Dennoch: der Aufbau des Bildes, wie zögernd, wie gestellt, wie verschleiert und ohne wirkliche Bedeutung, ist auch mit Entschiedenheit angelegt und man wünscht dieser Dauerhaftigkeit. Dies ist nämlich eine gültige malerische Rhetorik, in der trotz der allgemeinen Unsicherheit die Entschiedenheit betont wird.

Die Abstraktionen von Streichman und Stematsky sehen aus, als wollten sie den Netzen von Farbstrichen, den pergamentartigen Geweben der "aufgelösten" Farbstriche, ein liebliches Aussehen verleihen. Dies ist eine malerische Rhetorik, bei der die Isolation des Aussehens schwebt und träumt. Die malerische Rhetorik der zarten und poetischen Szenen wird aber nur durch große Unsicherheit möglich.

Der weiße Schleier, der die Arbeiten der "lyrischen Abstrakten" bedeckt , mag aber auch der Effekt von starkem Licht sein. Da die meisten dieser Bilder als Abstraktionen der hiesigen Landschaft aufgefaßt werden, kann das starke Licht, das sie durchflutet und prägt, auch als Ausdruck und Ausdehnung des Mittelmeerlichtes gesehen werden, in das die Landschaften dieser Region getaucht sind. In den Arbeiten selbst, den malerisch abstrakten Landschaften, kann das selbe weiße Licht auch als Medium betrachtet werden, das die konkrete Realität dieser abstrakten Landschaften - genauso wie die Landschaften und Orte, die mit ihrer Hilfe vorgetäuscht und abstrahiert werden - in Orte des "Lichtes", in "Meta-Orte", mythische Orte ohne Zeit und Geschichte transformierte.

Die häufige Verwendung von Weiß und von stark mit weiß aufgehellten Farben, das "abgenutzte" Aussehen von Elementen in den Bildern, die Entdeckung von gemalten Flächen unter diesen "abgenützten" Flächen, das Durchsichtige, gibt dem struktualisierten Aussehen einen "archäologischen" Charakter, der charakteristisch ist sowohl für das "lyrische Abstrakte" als auch für israelische Maler, die andere Tendenzen anstrebten. Charakterisitische Beispiele sind ein Bild von Mosche Kupferman und eines, das viele Jahre danach gemalt wurde.

In diesen Arbeiten werden die Bedeckungen entfernt (die Erdschicht, die die Funde bedeckte). Die Bilder mit diesem "archäologischen Aussehen" machen den Eindruck, sie seien aus der Vergangenheit gekommen, doch gleichzeitig sind sie mit der Kenntnis der Vergangenheit nur pragmatisch verbunden. Die Kenntnis der Archäologie der Vergangenheit beinhaltet auch die Kenntnis der Geschichte und der Geographie der Vergangenheit. Die Entschlüsselung der Bedeutung der Fragmente und das Zusammenfügen durch das Schreiben einer zusammenhängenden Geschichte ist eine Aktivität der Gegenwart. Das Verleihen des archäologischen Aussehens verbindet die Soziologie der Gegenwart mit der Vergangenheit, identifiziert die Vergangenheit als ein "Feld" das dadurch entstanden ist. Die Darstellung des archäologischen Aufbaues als malerische Elemente kann aber nicht als praktisches Zeugnis einer vergangenen Kultur gewertet werden, denn diese Vergangenheit ist künstlich, ist vorgetäuscht.

Die allgemeine Chronik der israelischenKunst führt in einer spiralenförmigen Bahn zurück zu einer vorgetäuschten Vergangenheit, dahin, wo selbst die Vergangenheit noch nicht feststeht; aber auch die privaten Werdegänge alteingesessener Künstler, deren Prominentester Josef Zaritski ist, aber auch Moshe Kupferman, sind ähnlich. Seit Jahrzehnten kopieren und restaurieren sie die gleichen Symbole und den gleichen Aufbau dieser Symbole, die Arbeiten sind

13 - **Avigdor Stematsky, Abstrakt, 1978**

gleichermassen verschleiert und verwischt. Die reversible Bewegung mit der Vergangenheit als Ruhepunkt zeigt sich in Gestalt einer "zerbrechlichen sprachlichen Lokalität", als einschichtig, eine äußere Sicht, hauptsächlich Einfuhr aus fremden Kulturzentren, unfähig, als Basis eines Sprachsystems zu dienen, das daraus weiterwachsen sollte. Die Wahl, den malerischen Prozeß derartig zu fixieren, ist einem Sich-Den-Anderen-Zuwenden gleich. Das Eigene zu erniedrigen und selbst die eigene Vergangenheit gleichsam auszulöschen oder doch zu verschleiern, muß jetzt abgelöst werden durch das Sich-Selbst-Wiederentdecken, denn hier ist doch der einzige Platz, an dem die in Israel erzeugte Kunst feste und charakteristische eigene Merkmale entwickeln kann.

Das Erwachen aus dem zionistischen Traum beschäftigt letzthin Historiker, Theoretiker und Kunstschaffende verschiedenster Sparten. Es wurde ausführlich von Zvi Sobel gesprochen. In seinem Buch "Fahrt in das Gelobte Land" werden verschiedene Aspekte der Auswanderung besprochen, es wird auch vom Traum einer Anzahl Israelis, das Land zu verlassen, erzählt - für kurze Zeit, oder für immer. Sobel zeigt wie dieses Verlassen - wirklich oder in der Phantasie - mit dem Zusammenbruch der Grundwerte, die sich um die zionistische Ideologie kristallisierten - zu Anfang der Ansiedlung sowie auch im Laufe der Jahre bis in die ersten Jahre des Bestehens des Staates - zusammenhängt. Sobel meint, daß dieser Zusammenbruch von der Unreife der jungen Ansiedlung herrührt, die den Gegensatz zwischen den Realitäten einer Gesellschaft von Einwanderern und dem Ideal einer homogenen Gesellschaft der zionistischen Idee nicht erkannten.

Bis Mitte der Sechzigerjahre weigerten sich die Kommunikationsmedien sowie die Verleger, dem Publikum Nachrichten zukommen zu lassen, die diese homogene Gestalt des Staates hätten in Zweifel ziehen können. Wie Batja Donner in ihrem Buch "Mit dem Traum leben" beschreibt, wurde alles Wissen über die äußerst mangelhafte Einordnung der Einwanderer aus Nordafrika, und über den gesellschaftlichen Abgrund der sich infolge dessen auftat und immer tiefer wurde, an den Rand gedrängt.

1967, nach dem Sechstagekrieg, fiel ein starker Lichtstrahl auf die Differenz zwischen den verschiedenen Gesellschaftsschichten, betont Sobel, und dieser Unterschied drang mächtig in die öffentliche Meinung ein, gerade wegen des Siegestaumels, der das ganze Volk ergriff. Das neue, schmerzhafte Bewußtsein der gesellschaftlichen Gegensätze fand seinen demonstrativsten Ausdruck in der Bewegung der "schwarzen Panther" mit gewalttätigen Demonstrationen. Dies kann als Erweckung aus dem Traum des homogenen Zionismus und als Zeugenschaft hierfür betrachtet werden.

Die Kriege 1967 und 1973 bedeuten also eine Wandlung des Vorganges, aus den Ruinen der Illusion des herkömmlichen Zionismus stieg aufs Neue die Gestalt des "wandernden Juden" auf. Der Golfkrieg 1991 war ein weiteres Glied in der Kette dieses Prozesses. Zum ersten Mal in seiner Geschichte war das Hinterland des Staates Raketenangriffen ausgesetzt, sowie auch einer Bedrohung durch Waffen der Massenvernichtung. Das Gefühl der Wehrlosigkeit im Inneren des Landes war stärker als je vorher und drang in jedes Privathaus ein. Über die realistische Furcht hinaus wurde ein großer Teil des Publikums von apokalyptischer Angst gepackt, die genährt wurde durch die fortlaufenden Berichte diverser Kommunikationsmedien. Die Bevölkerung bekam eine Art masochistischer Befriedigung aus den Bildern von seiner gefährdeten Existenz, die zum Kennzeichen der Identität wurde. Das Schwelgen des Fernsehens rund um zerstörte Gebäude, Einwohner ohne Dach über dem Kopf, die in Hotels einquartiert werden mußten, die Bilder der zerstörten Städte im Irak und die der Flüchtlinge, in Karawanen von mit Bündeln über Bündeln schwerbeladenen Autos - die zu den verschiedenen Seiten des Mittelostkonflikts gehörten und die schwer ums Überleben kämpfen mußten - all das in seiner Gesamtheit bewirkte eine zeitweilige Deterritorialisierung der ganzen Gegend. Die Zuschauer kriegten das Gefühl, daß sie zu keinem Territorium gehörten. Die unentwegten Sendungen des Kriegsgeschehens über Satelliten und die Kriegsführung mit wissenschaftlichen, ferngesteuerten Waffen polarisierten die Einstellung zu diesem Krieg zwischen den Einwohnern bedrohter Häuser (hauptsächlich im Tel-Aviver Raum) und irgend einem Ort außerhalb dieser Atmosphäre (in minder dicht besiedelten Gegenden und in Jerusalem).

Das Erwachen aus dem zionistischen Traum hinterließ tiefe Spuren auch in der israelischen Kunst. Daß die Hoffnung auf eine "Integration der Exile" trog, zeigt sich in den letzten Jahren durch das große Interesse an der Vergangenheit der einzelnen Gemeinden, an der Volkskunst, an der Folklore und an Sitten und Gebräuchen der Gemeinden der Diaspora. Einerseits zeigt sich ein Versuch, dies und das der früheren Kulturen hierzulande wiederzuverwerten (ein Beispiel ist die Popularität des orientalischen Gesanges), andererseits unternimmt man Reisen zwecks der "Suche nach Wurzeln" in den Herkunftsländern, hauptsächlich den Ländern, in denen der Holocaust gewütet hatte. Das Stöbern in der schmerzhaftesten Wunde des Judentums ist auch erkennbar an der Beschäftigung mit Kunstschöpfungen, die während des Holocaust entstanden waren (Micha Ullman, Moshe Gerschuni, Chaim Maor) sowie an vielen Forschungsarbeiten über die Beziehung der im Lande geborenen Kinder zu diesem historischen Trauma (Syndrom der zweiten Generation) sowie auch theologische Forschungen, die eine Verbindung zwischen dem Holocaust und den Geschehnissen innerhalb des Staates analysieren.

Es ist möglich, daß die große Differenz in der Lebensform des jüdischen Volkes auch das große Interesse, das heute viele Israelis an der Kabbala haben, verursachte. Die Entstehung der Welt als "Verkleinerung", als "Zerbrechen der Geräte" und die Ansicht, die gesamte menschliche Existenz sei eine einzige Diaspora, passen wahrscheinlich in viele Weltbilder. Es besteht auch eine Zuwendung zum Babylonischen Talmud (z. B. das Theaterstück "Talmudseite" von Dani Horowitz und Jakob Ras, oder die Arbeiten von Jennifer Bar-Lev und Jossi Zemach) wo das Begreifen der örtlichen Kultur eine intertextuale Auslegung ist, die ein Echo der Formen der Diaspora darstellt. Ebenso besteht Interesse an jüdischen Denkern (z. B. Mosche Mendelsohn, Franz Rosenzweig, Martin Bubder, Edmond Jabès und Georg Steiner), aus deren Sicht das Wesen der Juden landlos und ohne definitive Identität war. Die heutige israelische Wirklichkeit wird ins Licht der früheren jüdischen Welt gerückt. Die Errichtung des Staates nach dem Holocaust und die Flüchtlingswellen, die in jenen Jahren ankamen, können so als ein weiteres Kapitel der jüdischen Wanderungen angesehen werden. Sie flüchteten von jedem Ort, an dem man ihnen Fremdheit vorwarf. Die ersten Einwanderungswellen - eine winzige Anzahl Juden angesichts der damaligen Einwohnerzahl - waren demzufolge lediglich aufgrund der Sehnsucht der Juden nach einem utopischen Ort, der in Wirklichkeit nicht existiert, gekommen.

Ein großer Teil des örtlichen Gespräches über das Erwachen aus dem zionistischen Traum ist begleitet vom Unwillen - mehr oder weniger bewußt -, auf einige Aspekte dieser Vision zu verzichten. Dieses Festhalten an dem Traum drückt sich in der fast zwangsartigen Beziehung zur Natur des Landes aus. "Unsere Liebe zum Lande - des

14 - Micha Ullman, Wschodnia, Lodz, 1990

zweiten und dritten Geschlechts nach der Einwanderung" - schreibt Schlomo Shva - "ist intenisver als die von Anderen zu anderen Ländern der Welt. Bei uns ist diese Liebe nervöser - ist die Sehnsucht von Waisen nach einem Heim, die Liebe von Durstigen und Habenichtsen, die einen Schatz entdeckt haben - Land, Himmel, Wälder, verschiedene Arten von Erde; trotzdem wir zweites und drittes Geschlecht im Lande sind, sind wir immer noch hungrig nach dem Heimatland unserer Väter und Urväter . . . Die Begleiterscheinungen der langen Wanderungen in ferne Winkel waren Schöpfungen von Literatur und Poesie, Musik und Kunst, Malerei und Skulptur."

Materialien und verschiedene Themen, die an die Natur des Landes gebunden sind, sind immer noch mit dem israelischen Kunsterleben verbunden, in welchen der irreführende Bestandteil der Aufbau einer Identität vorhanden ist. Möglicherweise kann die Vermehrung von Arbeiten, die mit der Natur verbunden sind, ihre intensive Zuneigung zu diesem Thema, ihre Neigung zu Skulpturen und Stellen, die für einen Ort symptomatisch sind, als ein weiteres Symptom der "nervösen Liebe von Waisen, die sich nach einem Heim sehnen" ausgelegt werden. Ebenso die hartnäckige Kritik an der Etikettierung der Kunst, die hier im Zusammenhang mit der Natur des Landes gemacht wird. Da die meisten Arbeiten sich auf Landschaftsmalerei beziehen - figurativ oder abstrakt -, die in den Werkstätten des Modernismus hergestellt wurden, zeigen sie immer noch eine abstrakte und stereotype Auffassung von der Landschaft. Sie zeigen eine utopische, unwirkliche Landschaft. In diesem Zusammenhang sollte auf die Arbeiten, die mit der Erde verbunden sind, in denen aber auch der Bruch mit dieser Erde klar gezeigt wird und die eine Sehnsucht nach einem kultischen Standpunkt aufzeigen, hingewiesen werden (Itzhak Danziger) - anthropologisch (Igal Tomarkin) und bohrend (Micha Uhlman).

Diese Werke sind besonders interessant, weil sie den Bruch in der Beziehung zum Ort ausdrücken. Dies ist ein Bruch mit der Illusion, mit der pantheistischen Einheit mit der hiesigen Erde, die hauptsächlich auf Autosuggestion beruhte. Dies ist ein Bruch im Bewußtsein, das nicht imstand ist, aus diesem Erwachen eine neue Definition der israelischen Identität zu finden. Der Riß zwischen der Idee und ihrer Nicht-Verwirklichung wird immer noch mit Gleichnissen und Schlagworten bekämpft. Die Formgebung einer Ideologie im Lichte des Erwachens weist der israelischen Identität ihren Platz innerhalb des Risses zwischen der Idee und ihren Brüchen an.

Im Nachhinein kann man eine kritische Entfernung von diesen Werten bekommen und feststellen, daß bereits von Anfang des Zionismus an Risse bestanden haben.

"Narben im Territorium"

Die Verbündeten und die Berührungspunkte der Ausdrucksweise führten zur Entfernung aus dem Territorium, die Wegweiser wiesen in die Ferne und dort fanden sie dieselben modernistischen und post-modernistischen Tendenzen einer sterilen Kunst.

Jede Identifikation von Spuren eines indexalen Elementes ist verbunden mit der Diagnose eines Faktors, der derzeit im Raum fehlt. Ein Text, der nur aus Index besteht, ist wie ein verlassenes Feld, das wiederum ein Echo des von-ihm-Verschiedenen ist, das ihm fehlt, das seinem Fortbestehen und seiner Einheit entrissen ist. Die Thematisierung der Spuren des Verlassenseins in der Schrift, der Beschilderung und dem physischen Aufbau in der Umgebung der Anthropologie, enthüllt die Anzeichen von Spuren in anderen Feldern.

Man kann in den Bahnen solcher Spuren den Aufbau der Überlieferungen der Kunst der Gegenwart finden, angefangen von den gemalten Ruinen der Romantik über die Gegenstände, die Dada oder dem Surrealismus zueigen sind, und das Ende bei den Objekten der Post-Modernisten und ihren Auffassungen finden.

Das Eindringen des Kommentators - der eigentlich außerhalb des Rahmens der formellen Arbeiten steht - in das entscheidende Zentrum des gegebenen Themas ist die Aktivität einer konzeptualen Öffnung der Grenzen und Zäune. Die Einladung eines Kommentators zur Erklärung eines Werkes, das eigentlich ein leeres Symbol ist, abgeschnitten von Verbindung und Sinn - ist ein Eingeständnis, daß es verschiedene Auslegungen geben kann, sowie der Beweglichkeit der Stellungsnahme zwischen verschiedenen Sinngebungen der Arbeiten. Wie Rosalind Kraus formulierte: in der konzeptualen Kunst und besonders bei den Freilandwerken, die Identitätsfaktoren und Organisation aus den Räumen entfernten und nicht-künstlerische Faktoren in ihre Kunstwerke eindringen ließen, ist das Vorhandensein einer Arbeit sozusagen eine Vermittlung zwischen Bauten und Faktoren, der Wanderungen zwischen verschiedenen Kulturen. Die Definition des künstlerischen Objekts als "Verlust der Lokalität der Landschaft" wird nicht als Erkenntnis eines negativen Ausdrucks der Umwelt gegenüber ausgelegt, sondern als komplizierte, pluralistische Beziehung zu ihr, nicht unbedingte Bejahung oder Verneinung, sondern als eine Beziehung, die sich zwischen diesen beiden Polen bewegt und beide ermöglicht. Dieses paradigmatische Prinzip wird in Arbeiten, die verlassene Reste beinhalten, besonders betont. Diese Anzeichen der Verlassenheit reizen Künstler zu der Auffassung, das künstlerische Objekt dem Standort zuzuordnen, doch parallel dazu enthält die Auflösung des Objekts in der Umgebung Anzeichen einer fernen Identität, im Zusammenhang mit differenzialer Abhängigkeit davon. Kraus' Worten kann man hinzufügen, daß eine abhängige und zwangsläufige Beziehung zur Umgebung besonders dann bloßgelegt wird, wenn die physische Tätigkeit des Künstlers das Graben ist, das von dem Menschen körperlich ausgeführt wird, als willig aufgenommene Last, um die Beziehung zum Inneren zu polarisieren. Diese Zugehörigkeit ist selbstverständlich das natürliche Band zur Erde und wird als solche dargestellt: eine performative künstlerische Aussage bezüglich einer organischen Verbindung zum Ort.

In diesem Sinne zeigt sich in der derzeit in Israel hergestellten Kunst eine beträchtliche Gruppe von Skulpturen, die mit der minimalistischen Erdkunst verbunden sind, Arbeiten, deren provisorisches Aussehen auf ein zukünftiges Verlassen hinweisen - oder auf die Gegenwart einer nomadischen Vergangenheit. Die Innenräume der Arbeiten von Itzhak Danziger, Micha Ullman und Michael Gitlin, besonders diejenigen, bei denen Gruben in die Erde gegraben wurden, besonders bei Micha Ullman aber auch vorher bei einer Enklave von Danziger, zeigen Spuren einer Begrenzung, die von ihnen leergemacht wurde. Mircea Eliade erklärt, daß das Haus derjenige Ort ist, dem die Bewohner Inhalt und Bedeutung geben, während der Außenraum als bedeutungslos aufgefaßt wird. Die bildhauerische Darstellung der äußeren Schale ohne Inhalt ist natürlich die Umkehr aus einer Verklärung des Hauses. Diese Arbeiten, die "warme" Materialien (wie Holz und Erde) mit Betonung von Sterilität mischen - mit Betonung von Abnützung, Auflösung und Fäulnis - gravieren gleichsam die Spuren von "Sehnsucht" nach einem vollständigen und organischen Haus mit ein. Wenn Verherrlichung eine Aktivität von Zuneigung ist, ist also jeder leergemachte Platz oder einer, der Anzeichen einer Leere trägt, jedes Auseinandernehmen der vereinigten Formen zu offenen und umfassenden Dimensionen eine meditative Aktivität

15 - **Micha Ullman, Tisch N 9212, 1993**

16 - **Michael Gitlin, Schutzdach, 1986**

des Leermachens, die das Bewußtsein für anderes öffnet. Danziger zielte auf eine derartige Möglichkeit, als er Wasserquellen entlang der Steppenstraße ausheben wollte - als Haltestelle für die Chauffeure, die diese Straße befahren. Die Statuen der "Hürden" (1962) die für den Rahmen der Erforschung der nomadischen Kulturen bestimmt waren, sind ein solches Medium. Die schwache Verbindung der Teile miteinander und die Ritzen zwischen den Wänden betonen die Leere und den Umstand, daß die Hülle ein funktionelles Nebenprodukt ist.

Andere leere Begrenzungen in den Arbeiten von Danziger sind Gruben, auf die er seinem Buch MAKOM (1982) hinweist. Die Aufnahmen eines Wasserloches aus der Zeit der Nabatäer auf dem Weg zur Arbeit, ein Loch, das tief in den Felsen gehauen wurde, im Elah-Tal, auch die Aussicht auf das Wasserbecken aus dem Obstgarten zu Füßen eines arabischen Dorfes, sind informative Zeugnisse archäologisch-anthropologischer Natur. Diese Erdlöcher sind tiefe Spuren der Aktivität von der Entfernung von Erde, heute sind sie auch Zeugnisse einer verschwundenen Kultur.

"Ich bin ein grabender Mensch" erklärt Micha Ullman. Das Graben in der Erde, das Erschaffen leerer Formen in ihr, die Bearbeitung und Formgebung der Erde, die aus diesen Gruben entfernt wurde, sind Tätigkeiten, die für ihn charakteristisch sind. Im Katalog seiner letzten Ausstellung im Israel-Museum beschreibt Zalmona eine fortgesetzte Serie solcher Grabungen. "1972 hob er Gruben in dem arabischen Dorf Massar und im Kibbuz Mazar aus und füllte jede davon mit der Erde der benachbarten Grube als Symbol einer politischen und existenziellen Einheit. Seit damals hörte er nicht auf, zu graben. Schützengräben als Kuntwerke, Gräber als Kunstwerke." Zalmona verbindet das Graben mit anderen Techniken, die Ullman anwandte (eine davon, das Gravieren ist "sowas wie das Graben in einer Bronzeplatte. Auch seine Zeichnungen sind quasi gegraben"). Er schlägt verschiedene Assoziationen zum Graben vor: Festungsgräben zwecks Verteidigung, Schützengräben der Soldaten, Pflanzungen der Bauern, Ausheben von Gräbern, archäologische Tätigkeit.

"Auch Archäologen graben Gräber" sagt Zalmona, "vielleicht weil sie Entdeckungsreisen nach Überresten von vergangenen Kulturen unternehmen. Die Scherben, die sie bloßlegen, bestehen aber nicht wirklich ohne ihren Blick und ihre Chronik ist nach den Erfordernissen der Archäologie formuliert. Dieses Fach ist (auch wenn es seiner reflexiven Aktivitäten bewußt ist) gewebt aus historischen Vorgängen, die eben in der Vergangenheit stattfanden (die archäologische Sprache ist dadurch gelenkt) - und sie wird durch eine vergangene Zeit bestimmt, die dadurch ein künstlerisches Produkt und nicht eine authentische Quelle oder Basis wird".

Ullman ist auch ein Totengräber, der niemanden begräbt - in seinen Gruben wird weder begraben noch verborgen, noch gepflanzt. Er bezeichnet keine letzte Ruhestätte eines Menschen, keinen Ort des Verwachsens eines Menschen mit der Erde. Er bezeichnet auch keine Quellen des Wachstums eines Organismus. Seine Gruben sind lediglich Narben, die die Abwesenheit einer Heilung symbolisieren, die der Erde einen Stempel der Abwesenheit einer inneren Identität aufdrücken. Er enthält sich jeglicher Diskussion mit jenen, die im Grabe ruhen und weist auf Unbekannte hin, auf namenlose Gräber", schreibt Zalmona, "manchmal Massengräber".

Von Zeit zu Zeit spricht Micha Ullman von seiner Beziehung zu Paul Celan, einer Beziehung, die er mit dem deutschen Künstler Anselm Kiefer gemeinsam hat. Das Hingezogen-Sein von Kiefer zu Celan, dem Dichter des "Nichts", wird in einer Gruppe von Arbeiten ausgedrückt: Schulamit und Margarete (1983), eine Arbeitsgruppe, die dem Gedicht von Paul Celan "Todesfuge" nachempfunden ist. In dieser Schöpfung singen abwechselnd und zusammen während der Aushebung von Gräbern ein Deutscher, der sich nach seiner fernen Geliebten sehnt (Margarete mit den goldenen Haaren) und ein Jude, der seine Geliebte, die im Ofen ihren Tod fand, betrauert und sich nach ihr sehnt (Schulamit mit den grauen Haaren). Nach und nach vermischen sich die Lieder der beiden, während sich die Identitäten des Henkers und seiner Opfer verwischen. Sie haben nur eine einzige Stimme, die über die Trauer um eine Geliebte, die nicht mehr da ist, singt. Celan, Kiefer und Ullman graben Gräber für Gestalten, die keine eigene Identität besitzen (weder persönlich noch national) und keinen eigenen Platz einnehmen, sogar beim Sterben oder nach ihrem Tod. Im Geiste des existenzialistischen Schreibens wird der Tod als einziger Moment aufgefaßt, indem sich der Mensch in einer Weise selbst erkennt, die keinen sprachlichen Ausdruck ahnt und die daher nicht weitergegeben werden kann, der authentischeste Moment der Begegnung des Subjekts mit dem Tod wird demonstriert, um die Boten des Todes aus der Sprache der Kultur verschwinden zu lassen.

1990, in Lodz, Polen, unweit des Ortes an dem sich einst das Ghetto Lodz befand - grub Micha Ullman wie gewohnt und formte im Boden das minimalistische Abbild eines Sessels (eine ähnliche Arbeit machte er 1989 fern von den Blicken am Rothschild-Boulevard in Tel-Aviv). Diesmal aber grub er, bedeckte und hinterließ Narben - Spuren auf der Landstraße, während Autos vorüberfuhren. Wie bei der Aktivität "Massar-Mazar" (1975) und wie bei den Grabarbeiten in Deutschland half sich Ullman - zwecks Verwundung des Territoriums und um Spuren darauf zu hinterlassen - mit örtlichen Arbeitern (in diesem Fall polnischen Arbeitern, die Straßen ausbesserten). Für seine Aktivitäten ist jeder Ort recht und überall kann eine Deterritorialisation stattfinden. Wenn aber das Graben und Bedecken in Lodz stattfindet, wendet sich die Deterritorialisation direkt gegen einen Ort der Erinnerung an Diaspora und Zerstörung, einen Ort, an dem die Geschichte eine Deterritorialisation der Juden vornahm. Das Graben und das Hinterlassen von Spuren in Lodz sind ein Abschälen des verwundeten Gewebes (und der Verheilung und des Vergessens). Aufdeckung der Wunde und nachher erneutes Vernarben, deren Zweck es ist, die Narbe im Bewußtsein und Gedächtnis zu betonen.

Die Skulpturen von Michael Gitlin wurden durch Zalmona als "offen und wackelig, aber auch wie Schutzhütten und geschlossen" charakterisiert. Sie vermitteln manchmal den Eindruck eines Provisoriums, als bezögen sie sich auf die Lehm- und Bretterstrukturen, wie sie Nomaden oder Flüchtlinge bauen. Sie sind "ihrer Art nach Dritte-Welt-Strukturen". Daß der Charakter der Schutzhütte im Zentrum dieser Arbeiten steht, ist aus den Namen ersichtlich: "Privisorische Schutzhütte" (1986), "Verwundbare Deckung" (1986), "Momentane Entschlußkraft" (1987), "Unpassend" (1988). Diese Werke begrenzen weder, noch definieren sie ihr Gebiet als eine Einheit. Die angedeutete Grenzlinie des Betrachters wird durch andere Linien unterbrochen, die in den begrenzten Raum eindringen, ihn durchbrechen, sich entweder zu einem umfassenden Muster verbinden oder nicht. Der Einbruch in das begrenzte Gebiet erfolgt im allgemeinen durch das Bloßlegen der Innenseite der Bretter, aus denen die Arbeit angefertigt ist. Das "Nach-Außen-Kehren" des "Inneren" der Arbeit - als andere Seite der äußeren Umhüllung - zeigt das Innere der Arbeit, ihr "Herz", als weiteren Ausblick auf etwas Künstliches. Der leere Raum, der durch Linien im Raum der Skulptur begrenzt wird, verleiht der Skulptur das Aussehen einer leeren Hülle oder einer abgestreiften

17
Nahum Tevet, Arrangement von sechs Einheiten, 1974

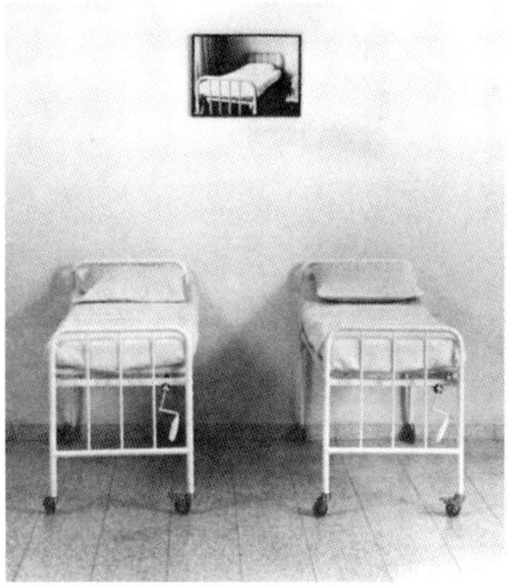

18
Gideon Gechtman, Betten, 1985

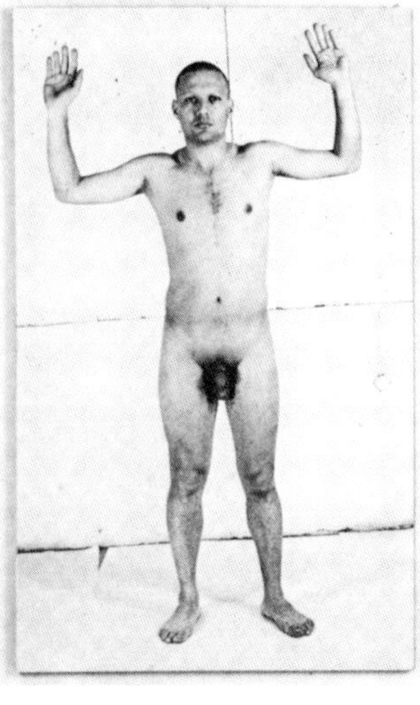

19
Gideon Gechtman, Nackt, 1974

Haut, die ohne ihren früheren Inhalt zurückgelassen wurde. Der selbe Eindruck einer verlassenen Struktur ist durch Abschälen und Verwunden des Materials am Ende der Holzbretter (die aussehen, als seien sie hastig geschnitten worden) erreicht. Die Bretter weisen Kratzer auf, die Skulpturen sehen wacklig aus, es wurde vermieden sie zu polieren, sie wurden teilweise mit einem Material, das an gemalten Lehm erinnert, bedeckt, das alles sieht aus als wäre es in Hast und Panik repariert worden.

Die "leeren" Strukturen von Danziger, Ullman und Gitlin erwecken den Anschein, als wären Spuren organischen Materials darauf. Sie stören die Umgebung, indem sie bezeugen, daß andere nicht zur ökologischen Balance gehören, da sie kein Teil des gegenwärtigen funktionellen Systems der Umgebung sind und nicht auf die gleiche Art wie organisches Material verderben. Dies ruft eine ähnliche Art von Abstoßung wie die Gegenwart eines Kadavers hervor, und diese erschienen unzählige Male in den Werken von Beuys, der verschiedene Kadaver, Skelette, ausgestopfte Tiere (Hasen, Präriewölfe) und organische Materialien (Filz, Fett, Honig) verwendete. Beuys' Materialien und ihr Anderssein haben eine deprimierende Wirkung und schicken das Bewußtsein des Betrachters auf eine Reise zu früheren Kulturen (Urchristentum, heidnische Frühkulturen), in denen große Vitalität durch ein waches Bewußtsein registriert wurde. Die Überreste der organischen Materialien, die Beuys benützte, sind Zwischenstadien zwischen geometrischen und amorphen Formen, zwischen fest und flüssig (flüssiges Gas, Fett), zwischen Organisation in ein bekanntes Muster und einer anderen, in der Teile eines Ganzen in einer undeutlichen und unverständlichen Weise miteinander verbunden sind.

Das Bewußtsein, das in die Vergangenheit wandert, soll dort nicht verweilen, sondern, wie das eines Schamanen, der ins Land der Toten geht, um in eine reformierte und bessere gegenwärtige Realität zurückzukehren, sich weiter auf die Reise, die in eine utopische Zukunft führt, begeben.

Pathologische Spuren, Narben an Körpern

Bilder von krankhaften Spuren an Körpern (Körper, die an früherer Gesundheit oder an die Möglichkeit einer Heilung in Zukunft erinnern), erscheinen oft in der israelischen Kunst der letzten zwanzig Jahre. Schon in den Siebzigerjahren konstruierte Nachum Tevet Arbeiten, die aussahen, als seien sie Reihen von modularen weißen Betten. Tevet benützte hier seine minimalistische Ästhetik, aber er verschob das neutrale Objekt des Minimalismus, den "epistemologischen Würfel", zu einem Abbild, das Teil hat an der Repräsentation eines sterilen Ortes (besonders eines Krankenhauses), im Einklang mit der assoziativen Ebene von Tevets Arbeit, die das Individualistische sterilisiert. Die Definition der Teilnehmer wurde in den späteren Werken entwickelt, die in den Achtziger- und Neunzigerjahren gemacht wurden. Das Thema war Narcissus. Es wurden gemeißelte Fallen geformt. Das Erwecken des Narcissus war durch das minimalistische Erbe ein rein tautologischer und epistemologischer Akt geworden. (Ein Akt, der unentwegt seine eigene Wiederkehr zu derselben Erscheinung vollzieht.) Durch Tevets Prozedur wurde er in selbstspiegelnden Räumen, eingebettet in pathologische Erinnerungen, dargestellt.

Seit Mitte der Siebzigerjahre hat Gideon Gechtman Körperdarstellungen mit pathologischen Themen und Abbildern verbunden. "Belichtung", seine Videoarbeit von 1975, und die Fotografien davon waren die Folge der Vorbereitungen seiner offenen Herzoperation. Die Dokumentation der klinischen Prozedur wurde zu Bildern von Objekten, "Plätzen" der Kranken und Toten, Bildern von Krankenhäusern, Betten, Überresten des menschlichen Körpers (besonders Haare, die vor der Operation abrasiert wurden), Eprouvetten mit Urin, Schachteln mit Medikamenten. Diese wiederholen sich in Gechtman's Karriere der letzten zwanzig Jahre, als umrundete er einen rituellen Rhythmus, eine Umkehrung des Entwicklungsprozesses. Das Repertoire von "klinischen" Bildern und Objekten wird gezeigt, als würden diese zu mythischen und historischen Bildern umfunktioniert. Es sind in der Hauptsache Abbildungen von Opfern. Die Vorbereitung zur Operation wird als eine Art Initiationsritual dargestellt, vielleicht ein Ritual, das sein Objekt für eine Opferhandlung vorbereitet. Der nackte Körper (vor der Operation) ist in einer exponierten Stellung voller Ergebenheit, die an ein Christusbild erinnert. Die Haarbüschel, als Reliquien Gechtmans und seiner Familienmitglieder präsentiert, erinnern an die Objekte, die für die Materialien stehen, die aus Leichen von Juden gewonnen wurden und von den Nazis als ein Teil ihres Produktionsmechanismus verwendet wurden. Die Pseudo-Simulation der Prozeduren der Verfolger ist wie ein Finger, der auf eine Zusammenarbeit zwischen ihnen und den Opfern weist - eine Zusammenarbeit, die durch Bataille als absolute Manifestation von Begehren dargestellt wurde.

Eines von Gechtmans wichtigsten Werken, reproduziert und währenddessen dekorativ variiert, ist seine eigene Todesanzeige. Sie wurde des öfteren an den "natürlichen Plätzen" von solchen Anzeigen - auf der Straße, an Bäumen und Säulen befestigt. Sie wurde auf Zeitungspapier gedruckt. Das Erscheinen von Gechtmans Todesanzeige, zusammen mit Reproduktionen klinischer Abbilder, plaziert sein Werk nicht nur unter das Zeichen des Todes - anders ausgedrückt: unter das Zeichen eines Gebietes, das nach dem Tode auftritt - es stempelt dieses Werk auch ab. Es besteht aus kranken Körpern, Spuren kranker Körper, die noch in der normalen Welt herumgeistern, die beim Sterben oder nach dem Tod erscheinen und wiedererscheinen aus ihrer "Todeszone". Diese Spuren von Krankheit sind dazu bestimmt, unser normales Bewußtsein zu stören, durch Gewahrwerden der pathologischen Räume und Situationen. Die Denkmäler von Krankheiten, die Gechtman produziert hat, sind in die Welt der Simulacra aufgenommen. So thematisiert er nicht nur die "tote Existenz" der Simulacra sondern zeigt auch, daß Krankheit darin kodifiziert wurde.

Gideon Gechtman erweckt das Abbild seines eigenen kranken Körpers als ein Teil des Abbildes anderer Mitglieder seiner Familie. Das Abbild des pathologischen Kerns seiner Familie, der Rahmen des Stammes, erscheint auch in den Arbeiten von Tamar Getter. In einem ihrer Hauptwerke - "Ein Brief an Josef Beuys"(1974) - spricht Getter zu Beuys von ihrer Biographie in drei erfundenen Versionen. Sie sind voneinander verschieden. Getter beschreibt sich darin als "Abkömmling eines kranken Vorfahren". In einer ihrer Versionen spricht sie zum Beispiel über ihren verrückten russischen Großvater, in einer anderen Version bezeichnet sie sich als Opfer von Strahlung (vom Atombombardement Japans).

Über dem Text, als Teil ihres Briefes, placiert Getter eine Fotografie von sich selbst, bedeckt von einer Decke. Sie bezieht sich auf die Filzverpackungen, die in Beuys' Werken immer wieder erscheinen, und auch auf den wichtigen Platz, den diese in Beuys' mythologischer Selbstbiografie einnehmen, wo er gerettet und geheilt wird von nomadischen Tataren, die ihn mit Fett einschmierten und in Filz verpackten. Durch ihre Fotografie und durch das

JOSEPH BEUYS
DRAKE PLATZ 4
DÜSSELDORF
GERMANY

8.11.74
GIVATAIM

Herr Beuys Shalom,
Ich bin einer der Menschen die zufolge radioaktiver Strahlung mit einem Gebrechen geboren wurden.
Ich wurde im Jahre 1953 in Japan geboren. Meine Eltern verabscheuten mich und übergaben mich einem Waisenhaus. Ein Ehepaar aus Israel welches zu jener Zeit in Japan war, nahm mich mit und seit der Zeit bin ich in Israel. Heute bin ich 21 Jahre alt und habe mich der Kunst gewidmet.
Der Winter naht und ich bitte Sie mir einen warmen Mantel and Hausschuhe zu nähen und zu schicken.
Die Masse sind: (in cm.) Länge 125; Gesässweite 95; Brustweite 82; Halsumfang 33; Schulterbreite 42; Ärmelweite oben 33; Ärmellänge rechts 60; linke 37; Schuhgrösse 38.

Ich wurde im Jahre 1935 in Moskau geboren. Meinen Vater habe ich nie gesehen. Seit meiner Geburt war er im Gefängnis in Sibirien. Dort ist er wegen seiner politischen und ästetischen Anschauungen, in Haft.
Nachdem meine Mutter alle Hofnung auf ein Wiedersehen verloren hatte befreundete sie sich mit einem anderen Mann. Zudritt wanderten wir im Jahre 1967 nach Israel aus.
Der Freund meiner Mutter voluntierte in die Armee und ist im Sechstagekrieg in der Sinaiwüste gefallen.
Jetzt nach den Änderungen in der sowietischen Politik in Bezug auf die jüdische Emigration und die Erlaubnis für Künstler in den Gärten in Moskau auszustellen, erreichte uns die Nachricht, dass mein Vater befreit worden ist und im Januar in Israel ankommen wird.
Ich bitte Sie mir einen warmen Mantel und Hausschuhe zu nähen und zu schicken. Die Masse sind: (in cm.) Länge 125; Gesässweite 95; Brustweite 82; Halsumfang 33; Schulterbreite 42; Ärmelweite oben 33; Ärmellänge rechts 60; linke 37. Schuhgrösse 38.

Mein Grossvater ist 85 Jahre alt. ER ist seit seiner Jugend ein Religionsfeind. Er ist klein vom Wuchs. Seine blauen Augen sind rot angelaufen. Die Wohnungen meiner Eltern und meines Grossvaters grenzen aneinander.
Er steht um fünf Uhr morgens auf, schlürfendes Schrittes geht er zur Ausübung seiner Morgentoilette und flucht über Russland und dass es den Sozialismus betrogen hätte.
Seit meiner Geburt am 29 April 1953 und bis heute wache ich jeden Morgen mit diesem Geschrei auf. In meinem ganzen Leben habe ich mich noch nie mit meinem Grossvater unterhalten, ich hörte ihn nur schreien.
Alt, enttäuscht und von den Kindern unserer Strasse als verrückt betrachtet, reiste mein Grossvater im Jahre 1963 plötzlich nach Russland.
Nach einigen Wochen kam er zurück und steht jetzt wieder jeden Tag um fünf auf und flucht auf Russland dass den Sozialismus betrogen hat. Dasselbe tut er noch heute.
Vor Jahren hatte er eine kleine Wirtschaft, und jetzt sind davon nur die Gebäude geblieben.
Seitdem ich erwachsen bin habe ich mich der Kunst gewidmet. Ich bin in eine Scheune (die ich renoviert habe) gezogen, welche jetzt mein Studio und meine Wohnung ist.
Im Winter tropft das Dach. Ich bitte Sie mir einen warmen Mantel und Hausschuhe zu nähenund zu schicken.
Die Masse sind: (in cm.) Länge125; Gesässweite 95; Brustweite 82; Halsumfang 33; Schulterbreite 42; Ärmelweite oben 33; Ärmellänge rechts 60; linke 37. Schuhgrösse 38.

• • • •

Tamar Getter

Tamar Getter
2 Hamoorer Str.
Givataim
ISRAEL

20 - **Tamar Getter, Brief an Joseph Beuys, 1974**

Erzählen ihrer Biografie in einer "Rashomon"-Semiotik, einer Syntax der Fiktion und durch die Collage-Struktur ihrer Lebensgeschichte erklärt Getter, daß sie ihre Chronologie (ihre Identität) auf "parasitische" Weise aufbaut, in Übereinstimmung mit der Anpassung an "andere Chronologien". Außerdem erzählt Getter Beuys nicht nur ihre Lebensgeschichte, in seinem Vokabular, sondern "stiehlt" von ihm auch einige seiner Identifikationen, die mit Risiko, Unglück, Opfern, verwundeten Körpern, Tod, Flüchtlingen und Niemandsland zu tun haben. Durch diese Strategie bekräftigt Getter die These, daß sie der Zugehörigkeit zu einem stabilen Territorium beraubt wurde - geografisch, historisch und genealogisch. Andererseits vergleicht sie durch diese Strategie ihre eigenen Charakteristika (ihre eigenen Nicht-Charakteristika) als eine Frau, die in einer Grenzkultur lebt (in einem peripheren Kunstfeld) im Vergleich zu dem eines Mannes (sie beschäftigte sich viel mit maskulinen und paternalistischen Strukturen), mit einer Person, die im Zentrum der modernen Kunst lebt und diese tatsächlich vorstellt. Getters Kunst hat Bezug auf die Gleichsetzung (oder quasi Gleichsetzung) von ihrem Selbst und Beuys' Selbst - beraubt jeglicher institutioneller Identität, in einem "Koma", als Flüchtlinge, Nomaden, Bewohner verlassener Steppen. Es ist der Mühe wert, zu erwähnen, daß Brüderlichkeit bei Leuten, die am Rande leben, allgegenwärtig ist.

Dennoch: durch diese Anpassung an die erfundenen Daten von Beuys' Biografie bezieht sich Getter nicht nur auf die Situationen von Krankheit und Exil, sondern auch auf die Möglichkeit einer Rettung und Heilung, sie wurden in seinen Arbeiten thematisiert. In ihrem "Brief an Josef Beuys" konfrontiert sie den von ihr ausgewählten biologischen Vorfahren (und der Akt der Wahl ist hier sehr wichtigt) als ihre "kulturelle Person". Der biologische Vorfahre ist als mit einer Krankheit infiziert beschrieben. Die "kulturelle Person" ist die einzige, die eine Möglichkeit hat, geheilt zu werden - also eine Möglichkeit der Erlösung (ein christliches Konzept).

21 **Tamar Getter, Auch Profil ist Aggression, 1990**

Die Konfrontation der fremden, importierten Bilder und kulturellen Strukturen, die zum "textualen Feld" ihres Berufes gehören, mit der örtlichen Kunst, die zu ihren genalogischen Bezugspunkten gehört, (privat und kollektiv) beschäftigt Getters Malerei seit den Achtzigerjahren. Sogar in ihren letzten Gemälden verwendete Getter künstlerisch von weitem hergeholte Bilder, gesättigt mit geschichtlichen Bezügen, aber in Wirklichkeit gesättigt von der Veränderung der Kunstwerke der Vergangenheit in eine Mythologie. Getter bezieht sich zu diesen Arbeiten von historischen"Tycoons" als an der Grenzlinie ihre textualen Feldes existierend. In ihrem frühen Werk "Die ideale Stadt und der Hof von Tel-Chaj" (1977) bezog sie sich auf Piero della Francesca, indem sie seine Arbeit zitiert (Die ideale Stadt), bei der die Urheberschaft fragwürdig ist. Später, bei einer Arbeit wie z. B. "Dürers Hosen" (1989) wählt sie eine Arbeit (Traumvision von 1526), die eine katastrophale Halluzination hervorruft. Diese "Grenzfälle" des kunstgeschichtlichen Reservoirs sind sogar hier mit der israelischen Gesellschaft in Grenzfällen konfrontiert. Z. B. das Bild aus Dürers obenerwähnter Arbeit steht neben einem Bild von Rekruten - ein Hauptthema in Getters Arbeiten der letzten Jahre. Das Bild eines Rekruten - das Bild eines jungen Israeli, der mobilisiert wurde und nun Teil eines Kollektivzustandes ist - ist gleichzeitig das einer Initiations-Zeremonie in den "Orden" der Armee und das Bild eines vorübergehenden Zustandes zwischen Bürgertum und Soldatentum. Diese Bilder wurden von Fotografien kopiert, die Getter in einem Sack, den wohl jemand verloren hatte, fand. Getter malt die Gesichter und verwischt ihre Konturen, wodurch der "Grenzfall ihrer Identifikation" thematisiert wird. Sie sind jenseits einer Definition, die als persönliche Identität ausgelegt werden könnte. Sie sind auch kodifiziert im Einklang mit einem Hauptcharakteristikum der Fotografie: sie zeigt Bilder von dem, was schon war (Roland Barthes).

Das Thema Übergang vom Zivilleben ins Militärleben beschäftigt die Werke von Barry Frydlander. Er fotografiert die Rekruten während ihres ersten Tages in der Armee - fotografiert tatsächlich gemeinschaftliche Rituale wie z. B. das Ausfassen der Uniformen als "Übergangsritual" von der Privatidentät zu einer neuen, in der sie lediglich Mitglied einer Gruppe sind.

Die Rekrutenserie ist tatsächlich nur ein Teil der Bilder, mit denen Frydlanders Interesse an "Übergängen" und an "Übergangs-Räumen", die in Israel die kulturelle Topographie bilden, bekundet wird. Er fotografiert Eingänge in alte Häuser in Tel-Aviv, er konzentriert den Blick seiner Kamera auf Gruppen Jugendlicher - sie kommen immer in Gruppen an Wochenenden aus denVorstädten von Tel-Aviv ins Zentrum der Stadt, zu den Unterhaltungsvierteln (hauptsächlich in gewissen Parks und Klubs). Frydlander betrachtet die "Übergangsriten" der Vorstadtjugend - Übergang vom Status der Zur-Peripherie-Gehörenden zum

22 - **Barry Frydlander, Rekrutierungsstelle Tel-Hashomer, 1986**

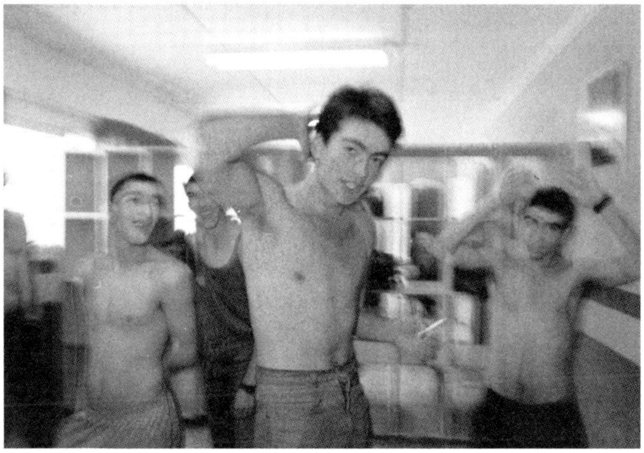

23 - **Barry Frydlander, Rekrutierungsstelle Tel-Hashomer, 1986**

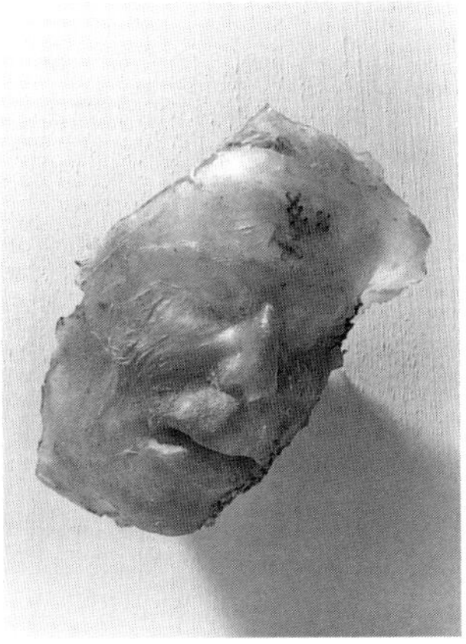

24
Daniel Sack, Ohne Titel, 1990/91

25
Daniel Sack, Ohne Titel, 1992/93 (Detail)

Status einer Pseudo-Mitgliedschaft im Zentrum für eine Nacht.Während er die Rekruten im Aufnahmezentrum fotografiert, "das für ihre, und nur für ihre Riten errichtet wurde", fotografiert er die Vorstadtjugend hauptsächlich dort, wo ein "Grenz-Status" vorhanden ist und wo ihre - und nur ihre - Übergangsriten stattfinden. Er fotografiert sie an gewissen Unterhaltungsplätzen im Stadtzentrum, die hauptsächlich für das Publikum aus der Vorstadt bestimmt sind. Hier, am Ort der Übergangsriten des Landes, fotografiert Frydlander mit Blitzlicht, so daß die Linien verwischt werden und durch diesen fotografischen Mechanismus wird der Identitätsverlust thematisiert, d. h., sie werden zu "Opfern" charakterisiert, in einer Technik, die "Geisterbilder" heraufbeschwört (Roland Barthes).

Der Hauptanteil der Arbeiten von Daniel Sack - der ein Künstler der jüngeren Generation ist - in den Jahren von 1985 bis 1993 gehört einer Richtung an, die "Necrographie" genannt wird. (Lacan nannte sie "das Erscheinen des Blickobjektes".) In den letzten Jahren goß er Abbilder von Embryos (zumeist menschlichen) - in ihrer organischen Entwicklung erstarrt und zu Fossilien geworden - in Plastik. Durch das Eingießen in Plastik werden die menschlichen Körper oder die menschlich gewesenen Körper als Figuren verstanden, die niemals (oder nie wieder) in den Lebenskreis einbezogen werden. Außerdem schließt der Akt des Eingießens in Plastik sie aus jeder organischen Entschlüsselung aus. Diesen Spuren organischer Wesen wurde das Recht auf Wiederaufstehung in einer natürlichen Welt verweigert. Figuren, die niemals inkarniert werden, werden oftmals transponiert als perverse lüsterne Bilder. In anderen Worten, die Anzeichen einer vorsymbolischen Ordnung (in Lacans Worten) sind kombiniert mit starken Manifestation lüsterner und obszöner Gelüste, jedoch, nach Sacks Worten, diese orgiastischen und obszönen Körper zeigen sich lediglich in der "Zone", die von Spuren plastizierter organischer Körper bewohnt ist. Diese waren tatsächlich niemals in irgend einer organischen Ordnung und kommen auch niemals in eine solche. Die Grenzen zwischen Eingang und Ausgang aus dieser Welt sind nur in einer Welt von Simulacra dargestellt, manchmal, nach Sacks Worten, mit Ausdrücken aus der dekorativen Forumlierung. Sacks Arbeiten sind mit Ausdrücken von dekorativer Forumlierung gezeichnet - sie bezeichnen Perversion, Mutation und Pornographie.

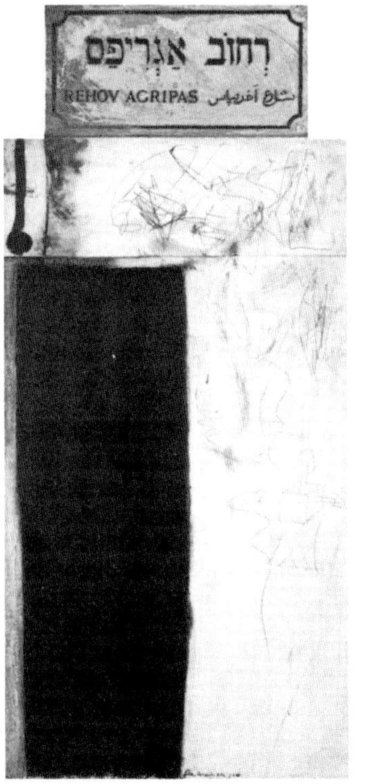

26
Arie Aroch, Agrippas Straße, 1964

Die meisten Künstler, die in diesem Kapitel erwähnt sind, sind charakterisiert durch den Widerspruch zwischen dem, was bewußt als intensive physische Gegenwart wahrgenommen wird und demVerwischen dieser Gegenwart als Folge einer interdisziplinären Lesung, durch welche die Glieder der Arbeiten als ethnographische Daten über "vergangenes" Wissen wahrgenommen werden. Die gebrochene, amorphe Existenz von Materialien und Formen im Zwischenstadium der Arbeiten im Werden stört das Bewußtsein, diese Materialien im Lichtgebiet der Gegenwart zu sehen. Als Resultat vom Betrachten von Material, Zeichen und Aktivitäten - Bewegungen der "Umwandlung" von der Vergangenheit zur Gegenwart - wird die Gegenwart zur Bedeutung eines schwarzen Loches.

Diese Arbeiten sind ein bezeichnendes Charakteristikum unserer Zeit, von Mark Taylor als "das Problem der Gegenwart" definiert. Dieses liegt an der Basis zweier Auffassungen, die die gegenwärtige Diskussion beschäftigen: Post-Modernismus und Differenz. Modernismus - Post-Modernismus - was ist der Unterschied? Dieser enthält vielleicht die Frage vom Unterschied als solcher. Die Frage des Unterschiedes ist aber untrennbar von der Frage der Gegenwart oder, genauer gesagt, von der Frage der Möglichkeit oder Unmöglichkeit der Gegenwart. Die Gegenwart zu befragen heißt Zeit und Raum befragen, Unterschied zu denken, den Unterschied, der die Trennung zwischen Modernismus und Post-Modernimus ausmacht. Es wäre dann nötig, Raum vorzustellen, in dem man sich Zeit ohne Gegenwart vergegenwärtigt.

Rennen in der Stadt, Spuren ihrer Territorialisation

Arie Aroch war von entscheidendem Einfluß auf spätere junge Künstler, die ihre Arbeiten als Spuren und malerische Zeichen, die als rein visueller Text zu verstehen sind, strukturierten. In gewisser Weise thematisierte Arie Aroch seine Beschäftigung mit "indexikalischen Phänomenen", indem er Bilder von Fahrzeugen andeutete (deren Dynamisierung ihre Präsenz verschleiert, ihre Wahrnehmung im Rahmen bestimmter Grenzen trübt und ihren Ort als Raum bestimmt, der sich bald in eine Stelle verwandeln wird, die in ihren Spuren bezeichnet ist), oder von Orten wie "Hundert Tore" in der Nähe von Jerusalem (wie erwähnt eine sehr orthodoxe Gegend, die nur von den kärglichen Spuren des Ghettos geformt wird. In einem seiner Hauptwerke, das bereits in den Sechzigerjahren gemalt wurde - "Agrippas Straße" (1964) - bezieht sich Aroch auf Jersualem als auf eine Stadt, die ihre Zentren verliert und die sich an die Peripherie verlagert. Wenn das Straßenschild "Agrippas Straße" als Titel über die malerischen Bestandteile der Arbeit placiert wird, ist dies ein Zeichen, daß diese Arbeit der topographischen Markierung analog ist. Das Straßenschild, das eine wichtige Orientierungshilfe in einer städtischen Ansiedlung ist, verwandelt einen anonymen Platz in einen solchen mit Identität, die Namensgebung bedeutet auch das Heraufbeschwören einer Erinnerung aus der Vergangenheit: Agrippas, der Jerusalem in den Jahren 41-42 regierte, war infiziert mit fremdem Blut, mit Genen einer fremden Kultur, seine politische Position schwankte zwischen der Konzeption seines Königreiches als selbständig und der Präsentation des Reiches als Protektorat des römischen Imperiums. Agrippas war der letzte jüdische Regent in Jerusalem vor der großen Revolte, die zur Zerstörung des 2. Tempels und zum Exil führte. Arochs "Agrippas Straße" zeichnet Jerusalem als einen Ort der Erinnerung, einen Moment vor der Zerstörung, einen Moment vor der Wanderung ins Exil, einen Moment bevor Jersualem seine Rolle als Zentrum eines definitiven Territoriums verliert.

Aroch unterscheidet zwischen dem Jerusalem der Zeit vor dem Exil, vor der Infektion mit fremdem Blut, während er den stabilen Status der Stadt"vergißt". Er vermeidet es, durch Mittel von mythischer oder antiker "Tiefe" die Identität zu charakaterisieren, in denen die Erinnerung vernachlässigt ist, die das Konzept der Identität an ein feststehendes Objekt anhängt - einen Platz oder eine genealogische Dynastie (das Haus der Vorväter).

In der israelischen Kunst der letzten 20 Jahre (Itzhak Danziger, Moshe Gershuni, Micha Ullman, Pinchas Cohen Gan, Tamar Getter, Nurit David, Chaim Maor, Moshe Ninio) besteht eine sichtbare Neigung, die Affinität zur deutschen Kunst - ein an und für sich faszinierendes Subjekt - zu untersuchen und zu bewahren. Dies ist fundamental zur Kultur des Landes. Es ist möglich, daß sowohl das besondere Interesse, das die israelische Kunst an der deutschen Kultur zeigt, und ebenso die Ähnlichkeit der Themen, Bilder und Stilarten zusammenhängen mit der erhöhten Sensitivität der beiden Kulturen gegenüber kritischen historischen Ereignissen, welche die Formen der Gesellschaft und die Kenntnis (Theologie, Rationalismus) des westlichen Humanismus untergruben und sie als leere Spuren von Inhalten zurückließen, welche über Jahrhunderte kultiviert worden waren.

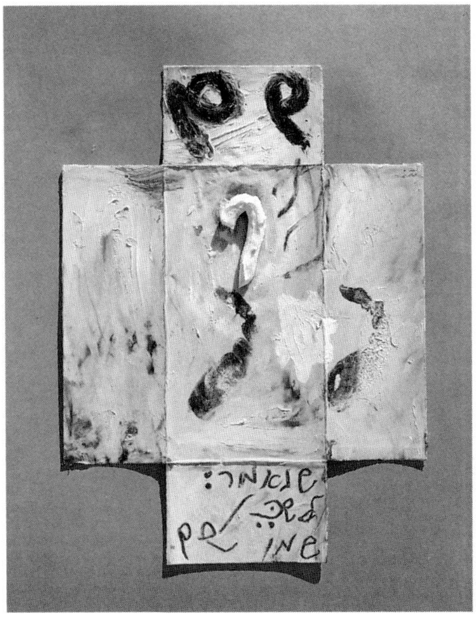

27 - **Moshe Gershuni, Dort, 1990**

28 - **Ido Bar-El, Ohne Titel, 1992**

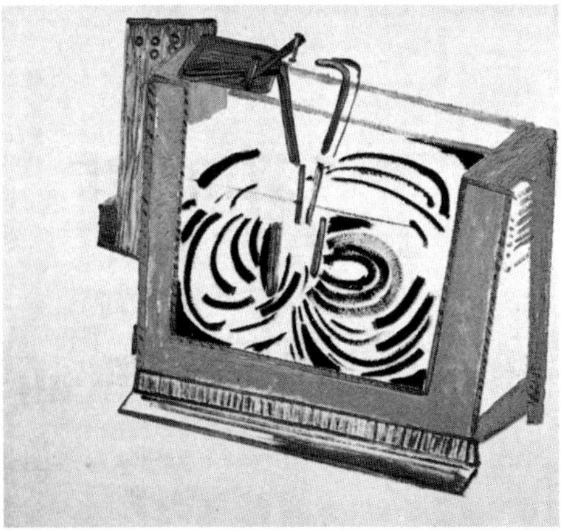

29 - **Ido Bar-El, Ohne Titel, 1991**

Themen und kulturelle Muster im Zusammenhang mit dem Holocaust, Arbeiten von Literatur und Poesie, Ritualobjekte, architektonische Strukturen (mythische, wie Anselm Kiefers "Deutsche Geisteshelden", 1973) oder wirkliche, wie Auschwitz in den Arbeiten von Chaim Maor, werden in der deutschen Kunst (besonders von Kiefer) und in der isrealischen Kunst wie besessen behandelt. Nicht nur konkrete Themen, die mit dem Holocaust zusammenhängen, sind beiden Kunstfeldern gemeinsam, sondern auch psychosoziale Standpunkte die die Personen von Opfern und Henkern verbinden. Paul Celan folgend, sieht Kiefer Schulamit (die Geliebte des jüdischen Opfers) und Margarete (die Geliebte des deutschen Soldaten) als Parellelen, und Moshe Gershuni baut eine rechteckige Komposition mit vier benutzten Eßtellern - auf zweien davon steht geschrieben: "Recht wird ihm vorangehen" (aus den jüdischen Begräbnisriten), die beiden anderen sind mit Hakenkreuzen, Zeichen des Todes, Index einer Kultur, die das Leben ausklammerte, die aber auch als nicht mehr vorhanden, weggeworfen, angesehen wird, markiert. Tatsächlich haben beide Kulturen einen Überfluß an Elementen einer "Sprache des Todes": Riten, Grabsteine, Dekmäler, Mausoleen und Gräber.

Beide Kulturen sind sich der barocken Manieriertheit dieser Attraktion an Todesmotiven - die handwerklich, subjektiv, intensiv bearbeitet werden - wohl bewußt. Sie reflektiert vielleicht eine gemeinsame historische Anomalie - in beiden Kulturen geschah eine gewisse Verzerrung des historischen Prozesses, der die Romantik fortsetzte, sowie den Nationalismus des 19. Jahrhundert. Die deutsche Kultur - im Laufe der sozialen und ökomischen Krise in der Zeit nach dem 1. Weltkrieg - extremisierte diese kulturelle Orientierung des 19. Jahrhunderts bis zum Punkt der Abweichung. Die israelische Kultur, die mit dem zionistischen Nationalismus begann - die den schrecklichen Bruch durch den Holocaust erlitt - konservierte die europäische Romantik als einen anachronistischen provinziellen Grenzposten von Exterritorialismus und Exchronikalismus. Viele Arbeiten von deutschen und israelischen Künstlern, die mit dem Motiv des Todes befaßt sind, besonders vor dem Hintergrund der monströsen Ideologien dieses Jahrhunderts, nehmen keine Stellung oder behandeln das Thema in sachlichem Ton, mittels quasi-dokumentarischer Bezugnahme auf Massengeschehen. Dieses Vermeiden ermöglicht ein Verlassen des geistigen Standpunktes, der mit einer besonderen Identität verbunden ist, ein Verlassen der historischen Situation, ein Vermeiden des humanistischen Rationalismus auf einer Basis moralischer Beurteilung und die Adoption eines Bewußtseinszustandes der "jenseits von gut und böse" ist. In diesem Sinne ist es möglich, die Arbeit von Moshe Gershuni als Nekrographie der Kultur der Diaspora zu beschreiben. In seinen Arbeiten der letzten Jahre sind Grabsteine, Zypressen (die die Grenzen von Friedhöfen markieren), Reste von Synagogen in der Diaspora (Budapest 1987), Zitate von Begräbnissen und Begräbnisritualen Fragen wie: "Und wo sind all die Juden?" oder abgebrochene Sätze in jiddisch: "Tayere kinder ich hob farg. . ." ("Teure Kinder, ich habe ver[gessen]"). Diese bedeuten Spuren eines Vaterhauses, fragmentarische Erinnerungsspuren, die plötzlich aus dem Vergessen hervortauchen.

Gershunis quasi-expressionistische Pinselstriche sind während der Berührung mit der Leinwand oder dem Papier ausgewaschen oder ausgelöscht und sehen daher aus wie Spuren einer expressionistischen Malerei. Sie kommen aber nicht tatsächlich zu malerischem Ausdruck, als Verkörperung von inneren, außersprachlichen Motiven, sondern als Spuren, die die Abwesenheit eines solchen Motivs bezeichnen und außerhalb der malerischen Vollendung bleiben. So zeigen sie das Parasitentum von Gershunis malerischem Akt, der sich an Charakterzüge dieses Malsystems lehnt. Gleichzeitig appellieren sie gegen das Recht dieses Systems, präsentiert zu werden. Eine Arbeit dieser Art entzieht sich auch dem ganzen kulturellen Feld, das seine gemachte Form als Verkörperung einer ganzen, vollständigen organischen Struktur begreift. Aber gerade Spuren von Malerei aus dem christlichen kulturellen Feld, genau die Anzeichen vom Anderssein und der Transferenz aus diesem Feld, waren für Gershuni ein Tätigkeitsfeld, auf dem er Skizzen der Spuren der jüdischen Kultur zeichnet. Das Resultat ist eine Art Niemandsland, in dem Spuren jüdischer Texte neben christlichen Spuren einer ausdrucksvollen "Welt" bestehen.

Im Dunkel der Nacht sucht Ido Bar-El, ein junger Künstler, die Überreste, die nicht mehr als Erinnerung einer bestimmten Person in den Focus gebracht werden können. Auf den Straßen, städtischen Müllplätzen, in verlassenen Häusern wendet er sich Haushaltsgegenständen zu, die nicht mehr zu einem Haushalt gehören und es auch nie mehr tun werden. Seine Arbeit ist als ein Graben, Wandern, Ernten, ein Darauf-Zeigen zu verstehen. Er hält an angesichts des Charakters von Ausscheidungen und Abfall der Gegenstände der Stadt, er sucht Welten, die hinterlassen wurden.

An diesen Orten findet er Koffer, verschiedene Schränke, Schubladen, Buffets, Teile von Betten - wie ein Sammler von Geheimnissen und Wünschen, die dem Vergessen anheim gegeben wurden (weggeworfen aus dem Gegenstand-Gedächtnis der Umgebung). Er sammelt Gegenstände, die verschlossen und verriegelt sein sollten. Gegenstände, die Wünsche aufbewahrten, sie aber auch drückten und einsperrten. Bar-El sucht all das "an der äußersten Kante" jeder dramatischen Dimension, die sie haben könnten, während sie zu einfachen Gegenständen verkommen, von der Art die bestimmt aus dem Bewußtsein gelöscht werden würde, wenn wir nach einer Inventur von Haushaltsgegenständen gefragt würden.

"Die Seiten eines hohlen Gegenstandes mit Farbe bedecken ist auch ein Akt der Repräsentation dieses Gegenstandes als seine eigene Hülle. Gleichzeitig zeigt dieser Akt gewissermaßen diese "Hülle" als eine "letzte Chance", als Lebensgebiet der Malerei. Bar-El läßt die Malerei als Schirm erscheinen, der auf und hinter einem anderen Objekt erscheint, als "Vorhang", der erscheint, nachdem über einem anderen Objekt" der Vorhang gefallen ist". Aber das Bedecken eines Gegenstandes mit Farbe bezeichnet in sich selbst den Unterschied zwischen dem "Schirm" oder der "Hülle", die jedes Objekt repräsentiert, und dem "Schirm", der die Malerei real macht; das ist der Unterschied zwischen der "Hülle" des Gegenstandes (seiner Repräsentation), über die das Auge schweift, ohne anzuhalten, und dem "Schirm" der Malerei, der das Auge durch seine Präsenz anhält.

Die Verwandlung einer "Hülle" eines leeren Gegenstandes in ein Gemälde ist nicht nur eine Thematisierung des Gewahrwerdens eines Gemäldes in seiner Beziehung zu allen anderen Repräsentationen der Welt, sondern auch wie die Repräsentation einer Tätigkeit im Dienst dieses Gegenstandes - eine Tätigkeit, die das Anhalten des Auges gegenüber dem, was als normal bezeichnet wird, verlangt (da es der Weltordnung entzogen wurde), der gegenüber das Auge blind ist; außerdem gegenüber der Wiederherstellung von nicht gesehenen Dingen im Reich der Visibilität. Bar-El geht weiter und beleuchtet eine kleine Welt, die zurückgelassen wurde. Auf einer kleinen Oberfläche malt-markiert-druckt er kleine Zeichen von Gegenständen, Geräten, Maschinen oder Wissenssystemen (Mechanik, Technologie), aus unseren gegenwärtigen "Gebieten" von Gegenständen, Sprachen und Formulierungen von Wissensgebieten. Bar-El: "Im Zeitalter der Quanten male ich die Mechanismen von Newton". Die Zeichen der "Schrift" und die Gegenstände der "Mechanismen von Newton" sind hier mit Linien und Pinselstrichen gemalt, die wie Spuren von Linien und Pinselstrichen aussehen, wie Geisterzeichen, wie Zeichen durchsichtiger Geistergegenstände.

Der Akt, die Zeichen dieser Geistergegenstände sichtbar zu machen, identifiziert den Akt des Malens mit "Spiegelbildern", fotografischen Bildern oder "Indexen". Das Hybridisieren eines künstlerischen Gegenstandes, das malerisch als Geister-Objekt eingestuft wurde, eine Malerei die wie eine Abschirmung aussieht und ein Fragment eines wirklichen ruinierten Gegenstandes ist, gleicht einer Thematisierung der inneren Beziehung zwischen einem Gemälde, einer Fotografie und einem "gefundenen Gegenstand".

30 - **Moshe Kupferman, Ohne Titel, 1985**

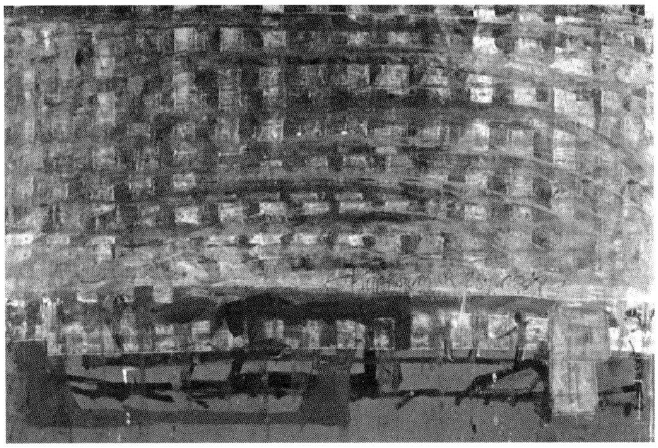

31 - **Moshe Kupferman, Ohne Titel, 1988**

Das Aufspüren des Niemandslandes

Aroch und Bar-El sind Beispiele von zwei Polen (in der israelischen Kunst) des Vorganges der Malerei, der sich durch die Spuren von städtischen Gegenständen fortsetzt. Moshe Kupferman steht in der israelischen Kunstszene für einen künstlerischen Prozeß, der kontinuierlich zum selben Bezeichnen und Auslöschen der Spuren von nichts und niemand zurückkehrt. Kupfermans Zeichen sind die Spuren von nichts, oder die Spuren ihrer selbst (Spuren von Spuren von nichts).

Bei Kupferman wird die vernichtete Landschaft in eine Art Alphabet zusammengepreßt, als Sprache des Gemäldes - senkrechte und horizontale Farbflecken und Linien, ein "Gitter" der Basisstruktur, die sich im Laufe der Arbeit aufbaut und verlöscht. So verschwinden Einheiten von Struktur und Text in seiner Arbeit, das drückt sich auch aus im Entwirren der Liniengitter, die gezeichnet sind als würden sie sich selbst auftrennen und flicken. Zusammen sehen sie aus wie ein Schleier-Netzwerk, das sich selbst gleichzeitig offenbart und versteckt. Die Spuren sind hier als ein "Schleier" exponiert (der Sprache, des Gitters einer Sprache der Malerei) , ebenso wie die versteckten "Geisterspuren" dahinter.

In vielen von Nurit Davids Arbeiten der letzten Jahre sind Zeichen und Abbilder eingestreut, die unter der Oberfläche einer gepreßten Farbschicht eingeprägt sind. Diese

Muster - viele Formen von Fußspuren darunter - sind über die ganze Oberfläche des Bildes verteilt, als wären Achsen und Bewegungen von Strukturen darauf skizziert, sie sehen aber auch wie tätowierte Schriften aus, die nicht versteckt oder ausgebügelt werden können. Netze von Linien, mit Konturen von Linien, Abbilder und Formen von Worten sind hintereinander verstreut wie Wegzeichen, über die ganze Fläche des Bildes gewoben, die ihm auf den ersten Blick das Aussehen einer Schienenlandkarte verleiht. Aber in Wirklichkeit bringt diese Landkarte denVerstand zum Straucheln, wenn er versucht, zu klären und zu organisieren, einen Weg für sich selbst zu bahnen. Jeder Versuch des Auges, dieser Landkarte von Worten zu folgen, findet, daß er von nirgendwo startet und nirgendwohin kommt. Die Pfade sind über die gesamte Oberfläche verteilt und wenden sich dem Rand zu - und in dieser Richtung leiten sie den Blick aus dem Zentrum hinaus. Dies heißt zusätzlich, daß Nurit David im Allgemeinen das Zentrum leert und der Pfad der Linien konkretisiert diese Abwesenheit.

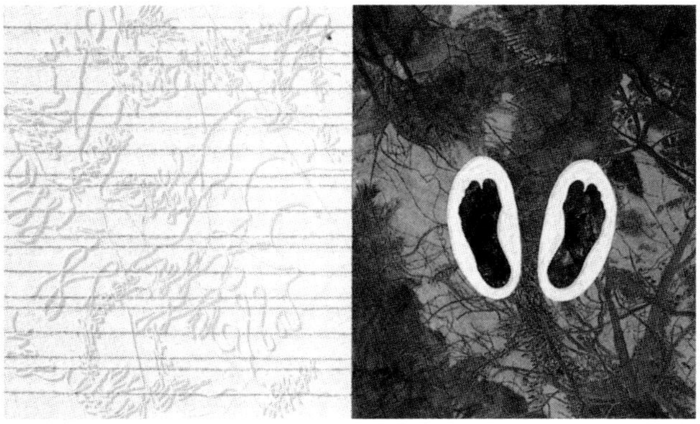

32 - **Nurit David, Von Bäumen schreiben lernen, 1990**

Die Farbdecke, unter welche Davids Wege der Linien, Worte und Abbilder graviert sind, sieht wie gestreckte Haut aus, nach Einbalsamieren oder Ausstopfen, die wie eine Schutzschicht jede Möglichkeit einer Penetration zu dem, was dahinter ist, unmöglich macht. Dieser Kodex (die innere Vitalität, und der Mechanismus, der sie aktiviert) könnte sich unter der Haut zeigen und ist wie ein "Tabu" vielleicht, weil sie eine Erfindung ist und durch künstliche und "tote" Daten erzeugt wurde. Alles, was mit einer Beziehung zur Natur zusammenhängt - gemalte Abbilder eines Baumes - ist gemalt, als würde es durch entfernte Gucklöcher gesehen. Alles, was mit biographischem Wachstum zu tun hat (z. B. die Strohbündel, welche sich auf die Wochenfestfeierlichkeiten ihrer Kindheit beziehen), sind versteinert in eine musterhafte Form, sichtbare Worte, graviert unter Schichten von Farben. Wörtliche und formelle Entfernung sind unter Farbe graviert wie Buchstaben eines Grabsteins, wie stilisierte Spuren von etwas, was nicht mehr ist, obwohl man ihnen nicht entfliehen kann. Dieses Grabstein-Schreiben verweist uns auf die Entfernungen, die so real scheinen, und die bezeugen, daß sie keine Realität enthalten, daß sie nur aus und auf einer leeren Oberfläche der Schrift- und Kunstsprache bestehen. Diese "Sprache" nimmt in Nurit Davids Arbeiten die Bedeutung eines Dammes, einer Abgrenzung, einer Haut, eines Treffpunktes und einer Konfrontation mit der Außenwelt, der Welt von kulturellen Gesprächen und dem "Vaterhaus", an. Der Kunstgegenstand verursacht das Zusammentreffen des

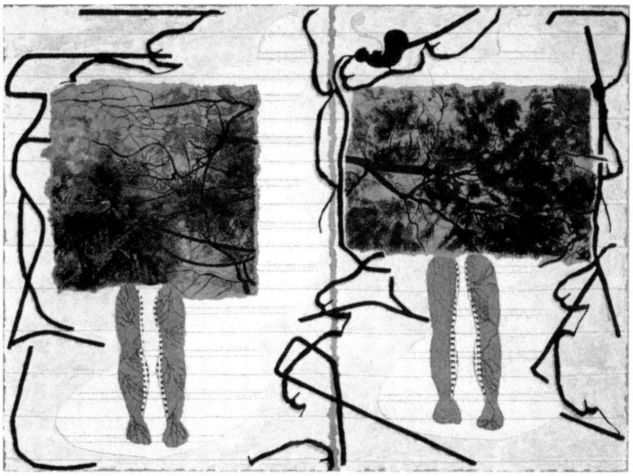

33 - **Nurit David, Kanon, 1992**

Beschauers mit der inneren Welt, die ihr angeeignet wird, sowie ihrem Erzeuger, eine Welt, die sich angeblich an eine einzigartige und intime Konversation mit dem "Vater" erinnert: auch ein Grabstein ist eine Grenze, eine, die eine Konfrontation zwischen einem privaten Gedächtnis und der Kulturform der Erinnerung an Tote verursacht.

34
Pinchas Cohen Gan,
Projekt für das Tote Meer, 1974

Einige der bisher erwähnten Arbeiten - Spuren eines Systems - entfernt in Zeit und Raum. Sie zeigen aber auch, daß diese Entfernung und diese Plätze eine Erfindung sind, geschaffen durch ihre eigene Sprache. Ebenso ist ihre Vernichtung der Entfernungen verbunden mit dem Verlust eines Haltes an der Vergangenheit und der wirklichen Identität, ein Verlust der Biographie, der fortgesetzten historischen Erinnerungen.

Ortsveränderungen und zeitweiliges Verlassen des Territoriums

Ein wichtiger Weg, den einige israelische Künstler einschlugen, führt sie vom eigenen Territorium weg und läßt sie ihre Werke als eine Art Reise oder Wanderung formulieren. Der (physische und konzeptionelle) Weg dieser Reisen hinterläßt Spuren, die zum Exterritorialen führen und das Land als exterritorial markieren. Dieser Trend in der israelischen Kunst wurde auch durch Entwicklungen der internationalen Kunstszene angeregt.

Das Motiv der Ortsveränderung in der westlichen Kultur sowie die dazugehörigen Mythologien - einer Zukunft, einer Vergangenheit, einer Zukunft, die zur Vergangenheit wird - haben in der Geschichte der modernen Kunst eine deutliche Spur hinterlassen. Die faszinierende Reise zu "primitiven" Kulturen (und zu Zeitperioden einer weniger fernen Geschichte, die mythologischen Charakter haben) steht in Zusammenhang mit kulturellen Entdeckungsreisen in fremde Gebiete. In der Kunst des Westens findet die Mythologie der Reise ihren konkreten Ausdruck in denWerken der Earth Art der sechziger und siebziger Jahre, die teilweise in Hinblick auf die Betrachter entstanden, die als Teil einer lokalen Gemeinschaft gesehen wurden, mit deutlichen Bezügen zu Stammeskulturen. Ironischerweise zeigt sich bei diesen zeitgenössischen Werken der "environmental art" - die deutliche Anklänge an geheiligte Orte von Stammeskulturen zeigen und sich selbst die Herausforderung eines Wirkens in einem holistisch-kommunalen Kontext stellen - die Unfähigkeit, dieser Herausforderung zu genügen und das Losgelöstsein von der kulturellen Matrix, die ihren Bezugspunkt darstellt.

Diese Getrenntheit kann als Dauerzustand oder als Übergangsstadium betrachtet werden - als Grenzsituation in einem Initiationsritus und Teil eines Prozesses, der zu einem erneuten Stammeszusammenhalt in der Zukunft führt. Die Tatsache, daß die wichtigeren Werke der Earth Art in abgelegenen Wüstengebieten ausgeführt wurden (so z. B. die Werke von Robert Smithson) ist hier von besonderer Bedeutung: zwischen dem "konzeptionellen Ort" dieser Werke und ihrem physischen Ort in der Wüste besteht eine Übereinstimmung: Orte, die im Laufe der Geschichte als Aufenthaltsort von Randgruppen gedient haben: Außenseitern, Verschleppten, Kriminellen, Nomaden, Eremiten und Mitgliedern esoterischer Sekten.

Künstler wie Richard Long oder Walter de Maria, die Linien in Wüstengebieten markieren, bzw. ein Werk wie Carl Andrés "Secant" (1977) stecken kein Gebiet ab, sondern ziehen nur eine Linie in die Landschaft - eine sinnlose Grenze, die keinen Ort umschließt, oder einen Weg ohne Anfang und Ziel, einen tautologischen Weg. Das Markieren von Weglinien oder Übergangsstellen in einer unbewohnten Landschaft - wie es Richard Long macht - ist auch ein Beweis für die Verlassenheit des Ortes, vielleicht als Zeichen der Unmöglichkeit, dort zu leben. Long bringt auch Zweige und Steine, die er auf seinen Reisen gesammelt hat, an entfernte städtische Ausstellungsorte - das hebt gleichsam jede Affinität mit dem Ziel der Reise auf.

Es handelt sich hiebei um streng formalistische Ansätze zu romantischen Entdeckungsreisen, die vor allem das Aufgeben der Machtzentren der westlichen Gesellschaft betonen. Das Zunichtemachen des Ziels, das sich die Kultur der Romantik für ihre Reisen gesetzt hat, legt auch nahe, diese Reisen durch eine andere Brille zu betrachten: mit dem ernsten und bewußten, nachdenklichen und rückschauenden Blick auf den Hintergrund von Hunderten von Jahren des Kolonialismus, der stolz darauf war, eine aufgeklärte Ordnung in wilde Landschaften gebracht zu haben, in Gebiete der Unwissenheit oder fremder Kulturen; unter diesem Vorwand wurden diese Kulturen ausgebeutet, um den Bedürfnissen der westlichen Zivilisation dienstbar zu sein - nicht bloß wirtschaftlichen, sondern auch geistigen Bedürfnissen, wie z. B. der Schichtung und Bereicherung der Identität des westlichen Menschens und dem westlichen ethnozentrischen Humanismus. Die amerikanischen Vertreter der Earth Art - wie Richard Fleischner, Charles Simonds, und besonders Smithson - verliehen der Spannung Ausdruck zwischen der ursprünglichen Landschaft und deren Verwundung durch Bulldozer, den technologischen Monstern - den "Dinosauriern", wie sie Smithson bezeichnete. Die Reise in jene Gegenden, in denen die Romantik den Inbegriff von Frische, Reinheit und ungeheurer Weite sah, wird vom Smog der technologischen Kultur begleitet und von dem nüchternen Bewußtsein des Zwiespalts, den Technik und Politik zwischen der Natur und ihrer romantischen Vorstellung schaffen. Diese Art der nachdenklichen Betrachtung der romantischen Reise, die sie von dem Ideengebäude trennt, das sie hervorgebracht hat, ist ein logisches Resultat der kritischen Einstellung so vieler Künstler der Earth Art (als Teil einer vorherrschenden Orientierung in der konzeptionellen Kunst) gegenüber der Manipulierung durch die herrschenden Institutionen und (vor allem kapitalistischen) Machtmechanismen der westlichen Wirtschaft und Gesellschaft, sowie gegen die Auffassung des Themas im allgemeinen und die Art, wie es in kulturellen Schöpfungen behandelt wird.

Viele der Künstler der Earth Art sprachen von den Werten der Romantik - nachdem sich das Bürgertum diese angeeignet hatte - als überflüssige Reste, deren man sich entledigen sollte. Dennoch hat sich der imaginäre Glorienschein der romantischen Reise am Horizont ihres Bewußtseins von den damit durchgeführten Manipulationen erhalten. Das Nicht-Verortetsein in einem Territorium sowie das Fehlen jeder territorialen Absicht suchen noch immer ihren Ort in der Idee eines kulturellen Territoriums. Ein derartiger Anker fehlt der Idee der Reise in der israelischen Kunst. Die Reiseaktivitäten der israelischen Künstler in den siebziger Jahren umfaßten auch keine riesigen und grenzenlosen Entfernungen. Der Archetypus des Territoriums, die kosmische Dimension, die sich in der riesigen Weite der Natur manifestiert, hat nichts Anziehendes für die israelische Kunst, weder im positiven Sinn noch als Rebellion dagegen. In den meisten Spuren, die israelische Künstler seit den dreißiger Jahren von ihren Reisen hinterlassen haben - in Form von Zeichnungen, Objekten, Photographien und Reiseberichten - sind die Weite des Horizonts und die Perspektive gering und die Landschaften fungieren als Information oder konzeptionelle Einheit. Selbst wenn es in diesen Reisen romantische oder fiktive Charakteristika gibt - wie in denen von Tumarkin und jedenfalls in Ezra

35 - **Pinchas Cohen Gan, Installation, 1978**

Orions Reise zum Himalaya - fehlt ihnen eine metaphysische Motivation, wie sie die Romantik inspirierte. Sie wenden sich auch nicht ernst und nachdenklich dieser Absicht zu, indem sie sich darauf beziehen, wie sie von politischen und wirtschaftlichen Mechanismen manipuliert wird (vor allem vom Tourismus). Die israelischen Künstler reisen nicht als Protagonisten oder Antagonisten eines bestimmten kulturellen Systems, sondern als Einzelpersonen auf der Suche nach ihrer Identität. Diese Untersuchung der Identität erfolgt nicht in Bezug auf Systeme, die den Standard einer bestimmten Definition besitzen, sondern vor dem Hintergrund eines offenen Systems, das externe Manifestationen politischer Umstände sammelt oder in Bezug auf Kommunikationssignale, die als "international" anerkannt sind.

Diese Reisen beruhen vor allem auf Standards der Sprache und der Gesten von ausländischen Modellen des Reisens, die eine Sehnsucht nach einem "anderen" Ort ausdrücken - einem Ort, der in exotischen Charme gehüllt ist, weil er durch den Blick der westlichen Kulturzentren als solcher identifiziert ist. Die israelischen Künstler, deren Werke in der Nähe der konzeptionellen Kunst und der Earth Art angesiedelt sind, beziehen sich vor allem auf die tatsächlichen, von diesem Genre geschaffenen Muster des Reisens - ein Muster, das die Identität der Heimatlosen beinhaltet - die sie dann auf einzelne Elemente aus dem lokalen Repertoire der Erscheinungen des Nomadentums und des Lebens als Flüchtling aufpfropfen. Dieses Aufgreifen von Reisemustern, die außerhalb der israelischen Kunst entstanden sind, mag wie eine Anleihe bei Modellen kultureller Zentren in Übereinstimmung mit den Bedürfnissen der Kultur, die sie sich zunutze macht, und ihre Anpassung an die typischen anthropologischen Phänomene des Nomadentums in der lokalen Mythologie und Wirklichkeit erscheinen. Das Aufpfropfen der importierten Reisemuster auf anthropologische Phänomene mit einer Identität, die Zweifeln unterliegt und daher näher untersucht wird, und einem territorialen und historischen Kontext, der nicht offensichtlich ist, können aber nicht bloß als Akt des Ausborgens und der Anpassung gesehen werden; es schärft die unzusammenhängende Identität der lokalen Tatsachen, die mit Flüchtlingen und Nomadentum in Zusammenhang stehen, indem es sie der Möglichkeit beraubt, sich durch einen ihnen angepaßten, organischen Prozeß zu formen - und zeigt andererseits die Unmöglichkeit der fremden Muster auf, in einem ihnen fremden Gebiet heimisch zu werden, in das sie von außen hineingetragen wurden. Der Trugschluß der Anpassung von Modellen des Zentrums und der Peripherie - ihre Existenz als Elemente und Muster, die einander ständig entgleiten und sich voneinder entfernen - ist daher aufs Äußerste getrieben, wenn Reisemuster ihnen fremden Phänomenen des Reisens und der Ortsveränderung übergestülpt werden, und zeigt die grundsätzliche Unmöglichkeit, die verschiedenen Sprachfaktoren zu einem homogenen Territorium zu vereinen ebenso wie den nomadenhaften Aspekt der Sprache.

Die konzeptionellen Projekte von Pinchas Cohen Gan in den siebziger Jahren verwoben Erscheinungen des Reisens mit solchen, die eine Flüchtlingsidentität ausdrücken. Cohen Gans Reisen während dieser Jahre waren von einem Gefühl des Flüchtlingsdaseins bestimmt und einer ständigen Bewußtheit des Bruchs, den er an den von ihm besuchten Orten feststellt. Die Titel seiner Ausstellungen, wie "Abgrund-Malerei von Steve Austin bis zu den Propheten" (1982), "Süßes Gift: lichtempfindliche Gemälde" (1982) oder Werktitel wie "Flucht aus New York" (1982) illustrieren die Art und Weise, wie sich Cohen Gan über den "Abgrund" äußert, der überall existiert.

Cohen Gan selbst definiert sein Gefühl der Isolation von seiner Umgebung als Zeichen seiner Identität und als wichtigste Motivation für die meisten seiner Werke. Nachdem er 1972 22 Radierungen über dem Futtertrog einer Kuh im Kuhstall des Kibbuz in Nirim aufgehängt hatte, schrieb Cohen Gan, daß diese Ausstellung "zeigen wollte, daß es möglich ist, eine Ausstellung zu machen als Versuch, sowohl in mir selbst als auch in den Betrachtern ein Gefühl der Entfremdung zu erzeugen."

Die meisten von Cohen Gans Reisen sind von dem Gefühl begleitet, an dem Ort, an dem die Reise beginnt, ein Fremder zu sein, von dem Bewußtsein von Identitätsproblemen und dem Wunsch, im Laufe einer Reisen zu einer Neudefinition zu gelangen. Sie werden zu einer Art Initiationsritus, wie er mit jeder Veränderung des Ortes, der Umstände, des sozialen Status und Alters verbunden ist - wie es der Anthropologe Victor Turner formulierte (dessen Werk auf einem früheren Modell von Arnold Von Gennep beruht). Letzterer zeigte auf, daß alle Übergangsriten von drei Stadien gekennzeichnet werden: der Trennung, dem Erlebnis der Schwelle und der Reaggregation. Aber Cohen Gans Initiationsreisen schaffen keinen neuen Typus, der mit einer kulturellen Struktur oder einer bestimmten Persönlichkeit verbunden wäre. Jede Reise dieser Art endet mit dem Eingeständnis, daß er nur formell zu Israel, dem Ort, von dem aus er die Reise begann, gehört. Nach der Rückkehr von seiner Reise nach Los Angeles schrieb Cohen Gan: "Als ich zurückkehrte, fühlte ich die ganze Bedeutung einer Rückkehr in meine natürliche Umgebung. Heute sage ich, eine natürliche Umgebung ist ein relatives Konzept, ein relatives Heimatland, eine relative Heimat." Dieses Gefühl der Zufälligkeit seiner Anwesenheit in diesem Land hat ihn zu Projekten veranlaßt, die seine Identität als Flüchtling definieren. Der Übergang von der Identität des "Einwanderers" zu der des Flüchtlings wird im Projekt vom Toten Meer (1972) betont. In diesem konzeptionellen Projekt verband Cohen Gan Polyäthylenhüllen mit einer Quelle in der Nähe von Ein Rouad, und sie schwammen an der Oberfläche des Toten Meeres mit Süßwasser und lebendigen Fischen darin. In seinem Arbeitstagebuch verglich Cohen Gan das Projekt mit der "Massenwanderung aus den verschiedenen Ursprungsländern nach Israel."

Vom Toten Meer wandte sich Cohen Gan der Eiswüste zu. Das Alaska-Projekt (1973) beschreibt er in seinem Tagebuch als "jede beliebige Umgebung, eine Umgebung, in der alles anders ist, das Gegenteil unserer eigenen Umgebung. Von einem Rand zum anderen zu reisen und die Grenze des Selbst zu erreichen, die Grenze der bekannten Welt". Die Reise von einem Rand zum anderen ist wie eine Reise von einer Erfahrung der territorialen Begrenzung (Identität) zur anderen. Das steht im Gegensatz zu einer Reise an einen Rand oder eine Grenze, die aus einem konkreten oder angenommenen Wissen um territoriale Zentren unternommen wird - eine Reise, deren Zweck es ist, die maximale bestimmende Kraft des Zentrums intensiver zu verspüren, die es von allem außerhalb unterscheidet und abhebt. Die Reise vom Zentrum an den Rand verstärkt die Identität und definiert sie neu, während die Reise von einem Rand zum anderen den Kontakt mit der Definition der Identität vermindert und sich an den Äußersten Rand des Versuchs, ihn zu lokalisieren, klammert.

Nach dem Yom Kippur Krieg von 1973 nahm Cohen Gans Tätigkeit viel deutlicher politische Züge an - zusammen mit einem augenfälligeren Ausdruck seines Sich-als-Flüchtling-Fühlens, der Instabilität seiner örtlichen Verankerung in Israel (auch als soziale Metapher) und seiner Grenzsituation. In "Die Grenze berühren" (1974) reisten vier israelische Staatsbürger in Richtung auf die vier Staatsgrenzen zu. Sie markierten jeweils den Ort, wo sie

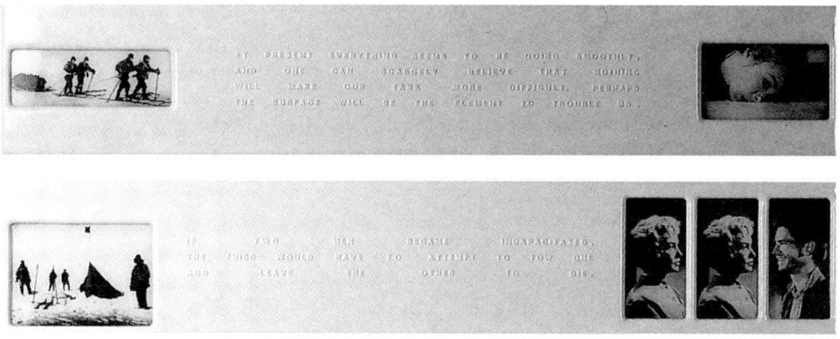

36 - **Sigal Primor, Installation, 1992**

von der Armee gestoppt wurden, und vergruben dort Bleitafeln, auf denen demographische Daten aus Geheimdienstberichten verzeichnet waren, die in der Presse zitiert worden waren. Ebenso wie im Alaska-Projekt, doch diesmal in einer physischen Tätigkeit und nicht bloß in einer Tagebuchbeschreibung, läßt die Reise an die Grenze den Brennpunkt undeutlich werden; auch hier erstreckt sie sich zwischen einer Grenze, die mit Assoziationen von Spannung und Gefahr besetzt ist (einer Grenze zu einem feindlichen Land) - und einer zweiten ebensolchen Grenze, und auch hier gibt es eine Umkehrung der Rollen der politischen Grenze und der Punkte, wo die Reise zum Stillstand kam - die die Reise und das von ihr markierte Territorium begrenzen.

In "Flüchtlingslager von Jericho" (1974) nahm Cohen Gan am direktesten und konkretesten auf die Flüchtlingssituation Bezug. Er reiste zu einem Flüchtlingslager in der Gegend von Jericho, nahe dem Hisham-Palast, wo er und seine Gefährten mit den Flüchtlingen aus dem Lager über Israel im Jahre 2000 sprachen und dann an diesem Ort eine vorübergehende Unterkunft bauten. Durch den Bau dieser vorübergehenden Unterkunft im Flüchtlingslager identifiziert er sein eigenes Zuhause mit den Unterkünften der Flüchtlinge. Durch diese Solidaritätserklärung werden die Unterschiede in der Nationalität zwischen den Flüchtlingen minder wichtig. Die einzige Identität, die allen an dieser Tätigkeit Beteiligten gemeinsam ist - den Flüchtlingen, dem Künstler und seinen Gefährten - ist die des Flüchtlings. In seinem Tagebuch notierte Cohen Gan: "Diese Aktivität war im Laufe der letzten Jahre in mir gewachsen und nahm erst jetzt, nach dem Krieg, Form an. Das Problem bestand darin, die Gefühle einer Person auszudrücken, die sich in einem Dauerzustand des Flüchtlingsdaseins befindet."

Nach dem Yom Kippur Krieg begann Cohen Gan, Tätigkeiten, die in einem lokalen Kontext durchgeführt worden waren, auf allgemeinere und weniger definierte Dimensionen zu übertragen. In "Südafrika, Kap der Guten Hoffnung" (1974) transferierte er das Tote Meer-Projekt von "einem regionalen Kontext in einen überregionalen Kontext", wobei er sich eines übergeordneten Standpunkts, quasi aus der Luft, wie dem eines ausländischen Touristen bedient, um "den neuen Ort des Toten Meers auf der Erdoberfläche (in Beziehung zum Syrisch-afrikanischen Grabenbruch" zu untersuchen. Das Tote Meer-Projekt hatte Existenzmöglichkeiten in einer feindlichen Umgebung aufgezeigt. Die Tätigkeit, die es reproduzierte, "Südafrika,

Kap der Guten Hoffnung", verbindet dieses Fremdsein in der lokalen Umgebung Israels mit der allgemeineren Identität einer heimatlosen Person, die vom Land, von der Erde getrennt ist (er reist mit dem Flugzeug) und die durch eine uralte Form der Spaltung bezeichnet wird.

Das Bild des Heimatlosen bestimmt auch weiterhin die Kunst Cohen Gans in den achtziger Jahren. Die von ihm geschaffenen Figuren werden in entschlossener Tätigkeit dargestellt, oft in einer Art Übergang (Gehen, Laufen). Es scheint, daß dieses Phänomen drei Hauptstadien umfaßt: die Vervielfältigung, die Ausbreitung der Duplikate innerhalb der Grenzen der großen farbigen Arbeiten oder in der langen Serie, und ihre Aktivierung in verschiedenen Haltungen und Bewegungsgesten. Die Wiederholung von Bewegungspositionen betont die Tatsache, daß die Gestalt durch geheime Kräfte aktiviert wird - fungiert aber auch als eine Art Drill und Ansammlung von Bewegungszuständen, als Untersuchung der Möglichkeit, eine mechanistische Grundlage für die Aktivierung der Gestalten zu schaffen.

Cohen Gan verwendet eine derartige malerische Strategie auf Zeichen der östlichen und westlichen Kultur, die in vielen seiner Werke zu finden sind. Wie Hinweise auf andere Kulturen in seinen Werken, stehen diese nebeneinander, ohne sich jedoch irgendwie zu berühren oder miteinander zu verbinden. In seinen jüngsten Werken, die er "Wanderung" (1990) nennt, wendet er seine charakteristische malerische Methode einem anderen historischen und konzeptionellen Kreuzungspunkt zu: dem frühen Christentum, in dem sich für einen kurzen Augenblick die jüdische und die christliche Kultur trafen.

Bilder von den hauptsächlich konzeptionellen oder erdachten Reisen spielen auch in der Kunst der israelischen Künstler der jüngeren Generation eine Rolle. In ihren in den letzten zwei Jahren entstandenen Werken verwendet Sigal Primor Bilder von Truppen, die zu Forschungszwecken in die Antarktis entsandt wurden, als Teil ihrer "Hybridisierungen" (auf konzeptionelle Weise) zwischen Marcel Duchamp, Joseph Beuys und Alfred Hitchcock. Die konzeptionellen Reisen (in der Nachfolge eines "mythologischen" wissenschaftlichen Abenteuers) in die Eiswüste der Antarktis dienen Primor als "Vehikel" zu ihrem riesigen Laboratorium, das von ihr als Antarktis thematisiert wird. Indem sie sich auf die Antarktis nicht nur als Forschungsobjekt, sondern auch als Laboratorium bezieht, verwendet Primor die Methodik der reflektierenden Anthropologie, die ihr Gebiet als ständige "Reise" zwischen ihren Werkzeugen und ihren Zielen (den Forschungszielen, die ihre Werkzeuge widerspiegeln) definiert.

Die Antarktis ist nicht nur ein "Laboratorium", das weit von Primors kulturellem "Territorium" entfernt ist, sondern auch ein "gefrorener Ort". Primor thematisiert die Antarktis als Ort des "geforenen Sperma". Während die Laboratorien der institutionellen Naturwissenschaft (die Spermabanken) das Sperma zum Zweck der Befruchtung enthalten (künstliche Befruchtung), erklärt Primor in ihrem eigenen Laboratorium - dem Laboratorium des weiblichen Menschen - das "Gefrieren des Sperma": das Gefrieren seiner Möglichkeiten, sich im Prozeß "der Befruchtung zu erfüllen". Ihr subversives Verhalten gegenüber dem "männlichen Sperma" setzt sich fort in der Art, wie sie sich auf zwei der wichtigen "Vertreter" in der zeitgenössischen Kunst bezieht: Duchamp, der seine Arbeit als Kunst eines Junggesellen thematisiert, und Beuys, der seine Vorgangsweise als Reise eines Jägers thematisiert. Primor "projiziert" das Sperma, das durch die Masturbation des Junggesellen in Duchamps "Großes Glas" ejakuliert wird, in die "Eiswüste", die Beuys als Ausgangspunkt und konzeptionelle Arena diente. Primor manipuliert also nicht bloß einen Mann gegen seinen Geschlechtsgenossen, sondern sie tut es, indem sie vorgibt, ihre Erlaubnis dazu zu haben. Befaßte sich nicht Duchamp mit Kastration und "tautologischer Ejakulation"? Zeigte Beuys nicht immer wieder die Spuren - d. h. das Ende - der Kultur des Jägers, die sich in der "Eiswüste" manifestiert?

Eine Photographie eines Fernsehbildes, auf der man ein Schiff beim Verlassen der Küste sieht (ein häufiges mythisches Motiv in der Romantik) diente als Ausgangspunkt für alle Werke der Serie "Zustände des Meeres" (1978-84) von Moshe Ninio. (Die Szene stammt übrigens aus der ägyptischen Fernsehversion von Shakespeares Othello.) Die der photographierten Szene beigefügte Unterschrift "Im Falle einer unerwarteten Katastrophe" wird in den frühen Werken der Serie beibehalten und weist auf eine Furcht vor Gefahr hin oder auf eine Warnung vor einer möglichen Beschädigung der Kontinuität der bestehenden Weltordnung. Sie enthält eine Art verbaler Thematisierung der Ideen von Theoretikern wie Allen S. Weiss oder Roland Barthes, der in jeder Photographie eine Rückkehr der Toten sieht.

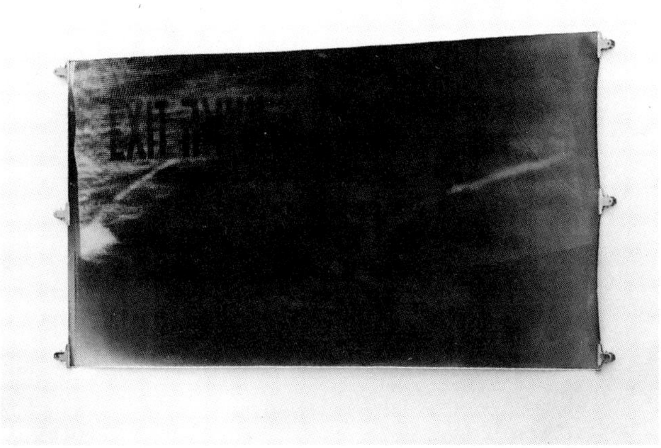

37 - **Moshe Ninio, EXIT, 1977–84**

38 - **Moshe Ninio, Avodat Ach, 1977–88**

In den Arbeiten der Serie "Zustände des Meeres" werden die Zwischenräume von einer diagonalen Form durchkreuzt, mit einer Struktur, die auf den ersten Blick einfach erscheint, sich aber der Definition entzieht. Sie sieht aus wie ein schwerer Schatten einer amorphen, rudimentären Form, die sich verflüchtigt und dem Blick entzieht, oder wie eine Art Projektion eines Himmelskörpers. Tatsächlich entstand die Form durch die Vergrößerung eines Fragments des Fernsehbildes. Das Kielwasser des Schiffes ist ein Nebenprodukt, ein Hinweis auf einen anderen Faktor. In dieser Hinweisfunktion ist das Bild des Kielwassers analog dem Charakter des Mediums der Photographie, durch die es enthüllt wird.

In einem der Werke der "Zustände des Meeres" erscheint das Wort "EXIT" deutlich auf dem Hintergrund eines dunklen, leeren Platzes, auf dem man vielleicht eine abstrakte Form ausmachen kann, die dem Kielwasser eines Schiffes ähnelt. Aufgrund der metonymischen Beziehung der Aufschrift "EXIT" zu Notausgängen in öffentlichen Gebäuden nimmt auch die Form des daneben befindlichen Kielwassers eine katastrophenschwangere Bedeutung an.

Freud beschreibt die Verbindung zwischen verbalen und visuellen Bildern im breiteren Kontext einer magischen Handlung. Das Benennen eines Phänomens, das sich allen Versuchen, es einzuordnen, entzieht, ist eine Art Jagdhandlung in dem Bestreben, das Phänomen sowie alle Gefühle der Furcht, die angesichts des Unvorstellbaren entstehen, zu erfassen. Der Akt des Benennens ist der Augenblick des Übergangs zur Sprache und auch der Beginn einer neuen Identität. Die Benennung "EXIT" und das Bild des Kielwassers, als Hinweise auf Feuer und Wasser können auch mit der Initiation eines neuen Raumes in Verbindung gebracht werden - nachdem ein reinigendes Element, wie Feuer oder Wasser, ihn reingewaschen oder -gebrannt hat. Aber das Vorhandensein der Kielwasser-Form im selben Raum, als Überrest und Grenze des Verschwindens der initiierenden Kraft, signalisiert die Unvollständigkeit des Prozesses und die Tatsache, daß er sich in einem Grenz- und Übergangszustand befindet - einer Situation der Unsicherheit, des Nicht-Dazugehörens und des Fehlens einer Identität.

Während die "Zustände des Meeres" mit dem Wasser in Verbindung stehen, ist es für das Bild der Flugzeuge, das in Moshe Ninios Werk eine zentrale Stellung einnimmt, das Feuer. Der Hubschrauber, ein häufig wiederkehrendes

Motiv seiner Werke seit 1977, wurde willkürlich von einem Fernsehbild aufgenommen, aus einem Bericht, in dem gezeigt wurde, wie Menschen in einem brennenden Gebäude mit Hilfe eines Hubschraubers gerettet wurden. Die erste Identifizierung dieses Hubschrauberbildes erfolgte also in einer Katastrophensituation bzw. einer Rettungsmöglichkeit. In "Avodat Ach" (1977-88), das eine Behandlung dieses Themas in konzentrierter Form darstellt, stellt Ninio zwei Paar Stahlplatten auf ein Holzgestell, auf denen sich jeweils ein von unten aufgenommenes Bild eines Hubschraubers befindet. Die Struktur aus Holz - ein Ersatz für einen nicht vorhandenen häuslichen Kamin oder eine Anspielung auf das Feuer, das zu Hause als geheime Kraft eines "Lagerfeuers" existiert - verleiht den darauf befindlichen Objekten einen repräsentativen Status. Das Anbringen von Bildern von Hubschraubern in seiner Arbeit, wie Bilder einer Fata Morgana im Mittelpunkt jeder Platte, verleiht dem Bild einen Grenzstatus, zwischen einem Hinweis und einem Abbild - einem Hinweis, der nochmals seine Identität als Hinweis betont, und einem Abbild, das sein Entstehen aus einem Hinweis betont, von einem Erinnerungszeichen zu etwas, das einmal war und nun verschwunden ist. Ein Zeichen, das zu Beginn des Arbeitsprozesses als mögliche Rettung konzeptualisiert wurde, wird während es vom registrierenden Bewußtsein bearbeitet wird, zu einem Zeichen eines Augenscheins nach der Katastrophe: eine Sprache, die nach dem Tode bleibt, die Reinigung durch das Feuer, die Apokalypse. Die Verwandlung des Bildes des Hubschraubers in ein Textzeichen wird auch dadurch konkret, daß es auf Platten aufgebracht wird, die auf einen "Tisch" gelegt werden wie zwei Druckstöcke oder der Einband eines zur Ansicht geöffneten Buches. Die Vorstellung dieser Tafeln als Instrumente des Übergangs zwischen verschiedenen und fremden Sprachen und linguistischen Strukturen findet ihren Ausdruck auch in der Tatsache, daß jedes Plattenpaar durch Scharniere verbunden ist, um es anscheinend zu ermöglichen, sie zuzumachen und an einen anderen Ort zu bringen. "Avodat Ach" ist also als tragbar konzipiert. Auf die Metallplatten, die einem Bucheinband ähneln, ist das Zeichen eines Hubschraubers aufgebracht, der auch als Kriegsmaschine dient. Diese besondere Verbindung charakterisiert auch die Bundeslade, die nach Martin Buber "tatsächlich der größte aller heiligen Gegenstände ist, die vom 'Nomadenglauben' geschaffen wurden. In ihr findet sich aller Ansporn und alle Motivation des heiligen Abenteuers, all ihre symbolschaffende Kraft. Sie begleitet das Umherziehen und die Schlacht (hierin sind beide noch absolut miteinander verbunden). Und die Tätigkeit des Offenbarers, dessen Offenbarung, wenn sie einmal stattgefunden hat in den Stein gehauen oder auf eine Schriftrolle geschrieben bleiben muß. Gleichzeitig ist selbst das typischerweise nicht an einen Ort gebunden, sondern ist von Natur aus mobil". Die Sichtweise von "Avodat Ach" als mögliche Simulation der Bundeslade führt zu einer Ausweitung der Analogie und zu ihrer Anwendung auf zwei zentrale Motive in Ninios Arbeit - das Bild des Hubschraubers und das Bild des Kielwassers, das den Raum der Werke verläßt. In diesem Kontext werden die Bilder des Hubschraubers und des Kielwassers als eine Art privater künstlerischer Chronik eines mythisch-historischen Auszugs aus Ägypten verstanden - ein Prozeß der Offenbarung (der Hubschrauber durchfliegt das Feuer wie den "brennenden Dornbusch"), des historischen Bruchs, des Auszugs und Exils (das Bild des Kielwassers als Zeichen des Durchquerens des Roten Meeres), des Umherwanderns, der Schaffung und Fixierung von Zeichen und Sprache aus Zeichen der Abwesenheit, Hinweise fremder Kulturen und Übergangssituationen.

Die physischen und konzeptionellen Bewegungen von "hier" nach "dort" bestimmen zu einem wesentlichen Teil die zeitgenössische israelische Kunst. Ein derartiger Blick zwischen "dort" und "hier" ist durch die Tatsache charakterisiert, daß er in keinem kulturellen Territorium verankert ist, mit dem er sich identifiziert - und sei es nur deshalb, weil jeder kulturelle Zug, der ganz allgemein mit der lokalen Kultur verbunden ist, sofort von ihr als einer "anderen" Kultur zugehörig identifiziert wird. Wenn der Blick, für den diese Werke Beispiele sind, auf ein Kulturobjekt von "dort" gerichtet ist, wird er auf den Beobachtungspunkt von "hier" zurückprojiziert, weil er ein Objekt gewählt hat, das Werte widerspiegelt, die mit dem hiesigen Leben und den hiesigen Ideen in Zusammenhang stehen.

Jene Bilder von "dort", in denen hiesige Ideen widergespiegelt sind, sind gewöhnlich auch Elemente visueller Texte - seien es nun Fremdenverkehrsbroschüren oder Klassiker der Kunstgeschichte. Die Ausstellung "The Routes of Wandering" wollte Kunstwerke zeigen, die sich dessen bewußt sind, daß sie linguistische Daten in einer patriarchalischen Kultur sind - einer Kultur, die jeder Idee einer authentischen Verbindung mit der Erde, mit "der großen Mutter" oder mit Kulturen, die mit "ihr" wie mit einer Nabelschnur verbunden sind, Künstlichkeit verleiht. Die Erkenntnis, daß den Strukturen der hiesigen Identität linguistische Muster mit einem fernem Ursprung zugrunde-

39 - **Moshe Ninio, Ohne Titel, 1989–91**

liegen, entspricht der Ablehnung der Kultur derer "die das Land bebauen" und der neuerlichen Akzeptanz der Kultur "des Volkes der Bibel", als charakteristischer Zug der hiesigen Identität. Eine derartige Akzeptanz führt wahrscheinlich dazu, die Kultur als von ihrem Ort getrennt wahrzunehmen - angesichts des elementarsten Sinnes der typischen Texteinheit, des Hinweises (im Sinne von Peirce, de Saussure, Jakobson und andere Schlüsselpersönlichkeiten der modernen Linguistik) - und als Spuren von Daten enthaltend, die stets über die Ordnung und Einheitlichkeit hinausweisen, die dem linguistischen Territorium, in dem sie sich zeigen, zugeschrieben wird.

Die israelische Kunst wird in Israel selbst oft dafür kritisiert, daß sie stilistisch nachahme und sich selbst anschwärze gegenüber Bildern und Themen, die in den internationalen Kunstzentren ihren Ursprung haben. Der Ausdruck "Zentren" bezieht sich hier auf Künstler und Kunstphänomene, die von Kunstkreisen und vom Kunstmarkt als tonangebend betrachtet werden, sowie auf Institutionen, die den wichtigen kritischen und theoretischen Diskurs dieser Zeit weiterverbreiten, und setzt ganz allgemein ein stratifiziertes Gebiet der Kultur voraus, in dem es agiert.

Weitere Kritik an der hiesigen Kunst meint, sie hinke des öfteren hinter ihrer Zeit zurück - die Tendenz, Orientierungen, Themen und Stile in anachronistischer Art aufzugreifen und anzupassen, nachdem sie sich in den Kunstzentren, in denen sie als Avantgarde-Phänomene entstanden, bereits erschöpft haben. Dieses Aufgreifen anachronistischer Vorbilder drückt eine zentrale Eigenschaft der Sprache aus, ihre wesentliche Losgelöstheit von einer fixen Zugehörigkeit zu einer bestimmten Zeit und einem bestimmten Ort, ihren heteronomen Aspekt, der über die Grenzen definierter Territorien hinausgeht. Diese Behauptung bezüglich der wesentlichen Eigenschaften der Sprache entsteht auch aus der Art, wie Gilles Deleuze und Félix Guattari die Charakteristika "kleinerer" Kulturen beschreiben, in denen diese linguistischen Eigenschaften ihre stärkste Ausprägung finden. Das Charakteristikum einer "kleineren Kultur" ist die Selbstannexion an die größere, hauptstädtische Kultur des internationalen Zentrums und eine Art "Reproduktion" ihrer äußeren Texturen, während gleichzeitig ihr Standard beeinträchtigt wird - sei es als Ausdruck der Fremdheit ihm gegenüber oder als Angriff auf seine Vorschriften. In Deleuzes und Guattaris Terminologie wird diese subversive Tätigkeit als eine der Ausdrucksformen der "Deterritorialisierung der Sprache" klassifiziert.

Deleuze und Guattari schreiben von der "Deterritorialisierung" der Kultur des Zentrums durch den Gebrauch, der in den "kleineren Kulturen" davon gemacht wird, während George Steiner in seinem Buch "Extra-Territorial" von extraterritorialer Literatur schreibt, die in einer Sprache geschrieben ist, die nicht die Muttersprache des Autors ist, oder an dem Ort, an dem er sich während des Schreibens aufhielt, nicht gesprochen wird, oder die vom Autor selbst in andere Sprachen übersetzt wird. Interessanterweise finden sich bereits in den Schriften von Franz Rosenzweig Ansichten, die Deleuzes und Guattaris bzw. Steiners Definition von "kleinerer Kultur" oder extraterritorialer Kunst vorwegnehmen. Rosenzweig definiert das jüdische Volk als "ein Weltvolk", dem es verwehrt ist, eine Verbindung zu einem Ort und einem Land herzustellen, das seine Sprache verloren hat und die Sprache seines äußeren Geschicks spricht, die Sprache der Nation, in der es sich aufhält.

In der israelischen Kultur kommt es zu einer häufigen Verwendung natürlicher Materialien: in der Malerei wird die "warme Malerei" noch immer hochgeschätzt und besonders ihre lokale Ausprägung als abstrakte Kunst, wie sie Künstlern wie Josef Zaritsky, Jechsekiel Streichman, Avigdor Stematsky und Zvi Mairovich institutionalisiert haben, die das Medium der Malerei auf einen poetischen Kontakt mit der Natur des Ortes hin orientierten: die vorherrschenden Bilder in ihren Werken zeigen eine Affinität zum Ort ihrer Entstehung. Alle diese "Relikte" des Traums, durch den Kontakt mit der Erde dieses Landes eine einzigartige lokale Kultur zu schaffen, führen die israelische Kunst weg von dem Muster der für eine "kleinere Kultur" charakteristischen Abhängigkeit. Die Besonderheit der israelischen Kunst rührt von der Tatsache her, daß sie sogar ein derartiges Muster wiederum durch ein anderes Muster umstößt - jenen "Augenkontakt" mit dem Traum einer autonomen Identität, der sie stets unerschütterlich begleitet. Diese Kunst existiert daher in einem Niemandsland doppelter Hinweisfunktionen, zwischen ihrer Existenz als Überrest der zionistischen Ideologie als Nachklang des romantischen Nationalismus mit seinen Wurzeln im 19. Jahrhundert und ihrer Existenz als Überrest universalistischer Muster der Kultur des Zentrums, die diesem nationalistischen Ansatz ablehnend gegenüberstehen.

Sarit Shapira

The Myth of Deterritorialization

Israeli art has its myths. To some extent, its chronicle is a chronicle of myths, an order that accepts and rejects mythical figures, a process of examining, confirming, recycling and rejecting mythological events. From the order of mythical things Israeli art has the history of itself and its culture: the long history of Jewish culture and the shorter one of Israeli-Hebrew culture. From the viewpoint of Israeli art, a mythical cloud also enwraps the chronicle, motifs, figures and works of international art und culture, of that which exists outside the territory that defines its "localness". The dispersion of this mythical cloud, like the smashing of the other myths too - the expulsion of one myth in favor of another or the ousting of all of them together - is yet another concern and another dominant myth in the chronicle of Israeli art. This is a myth and a mythology about concealment and covering, repression and discovering - a myth and a mythology created out of and about the lowering and raising, and the patching and unraveling, of
Fig. 1 screens. These screens sometimes cover or reveal (and at times both cover and reveal) possible and rejected myths and mythologies; they are screens which seduce us to the mythologies revealed through them, which replace those concealed and repressed by them; they are also screens that almost erase themselves and call to the other demons, monsters or taboos which hide behind them. The greatest myth and motif of Isreali art is perhaps that great abstract and passionate something that hides from it, that is not discovered by it, is not in its possession. Structures of screens and traps weave the epos and the mythology of this art; these are screens and traps that seduce us (generally intellectually) to the discovery of a "secret" hidden or trapped by them; but, at a certain moment (in a later interpretative phase) they expose the absence of this secret, its existence as a delusion and a bait only.

One of the major topics which Israeli art presents as impossible for it, one of the important motifs alternatingly concealed and revealed by it, one of the myths the recurrent raising and smashing of which are almost chronic symptoms of the chronicle of Israeli art, is the myth of its belonging to the place in which it acts. This myth - its existence as a myth, its transition from theme to epos and myth - is depicted by Israeli art out of its affinities to the forms of Zionism: its ideology, its historiography, its narratives, its rhetoric, its pantheon of heroes, its images, its symbols and all the other signs of its relations with the Land - with a physical-geographic site the territorialization of which did not only bound it in defined borders, but also stamped it with an ideology. Especially in recent years, when Israeli art is more conscious and is also thematizing this affinity between the Zionist ideology and the connection with the Land, it is also increasingly thematizing the historical connection between that ideology and the legitimation of physical closeness to the soil, as well as the legitimation which those expressions of closeness - at times of desperate, obsessive closeness - have accorded to that ideology. More and more, Israeli art is showing signs of its understanding that it is not only producing and reproducing images of the Zionist ideology, but that while doing so - in fact, by its very existence - it is also taking an active part in representing, constituting and consolidating this ideology. And yet, despite the political sobering - and perhaps, in fact, because of it - Israeli art continues to maintain a complex and dialectical attitude to the Zionist pageant as it perceives it both in its earlier embodiments - principally in its forms as a pioneering movement, or in the various manifestations of the "labor" movement and the Israeli "left" (which at first were a kind of variation and integration of ideas that appeared in the national movements and the Socialism of the 19th century and the beginnings of the 20th century) - as well as in its transformation (its degeneration, one might say) in the local orientations of right-wing nationalism. It is not only that Israeli art links the expressions of affiliation with the ideology, the politics, the institutions and the rhetoric of Zionism with love for the soil - and for the myth of the soil - of the Land, but also that, when out of the political sobering it demonstrates expressions of estrangement and criticism towards all these, then, secretly and almost in hiding, behind its critical rhetoric, there trails a train of expressions of nostalgia for the love for the soil, and of mourning for that lost love which the political sobering has made impossible.

The attraction to the local territory and the accompanying rejection of this attraction frequently involve repression and, alternately, the conjuring up of the cultural idioms, language and identity of Exilic Jewry - which identifies itself as "other" and as "displaced" from the territory it inhabits. When Israeli art invokes Exilic (Diaspora) culture, and often also characterizes its own identity as an Exilic culture - it invokes both the more enlightened and representative aspects of Exilic culture, as well as its dark and obscene characteristics and personae. Then the "Man of the Book" is evoked beside the "Luftmensch", and the "Wandering Jew" beside the refugee, the rejected, the marginal man, the "other". This art, which at times will not only show obscene images, but will also present itself as a perversion, will often show the Jew as an intellectual who is reflected in the figure of the Jew who lacks body and blood, or alternately in a figure of the Jew who is only body and nothing else (a kind of "Golem"). When the exposing of the perversion increases, then so does the representation of the exposed body, the ostracized body, the formless body, the body without affinities to the soil, marked with a seal of meaning identified with the representation of a body that is entirely text, a body that is signified as absent, as spirit and as something transparent. At times, when the representation and the performative dimension of these are made more and more extreme, the figure of the Jew as victim is almost marked in the features, of its distorted and monstrous image that has been drawn by its persecutors - the figures, the libels and phraseology from the chronicle of anti-Semitism. The evocations of distorted figures such as these are certainly like expressions of accusation - pointings of an accusing finger - but more covertly the designations of the merging of the figure of the victim with the figure of his persecutor are also discoveries of "soft spots": spots and moments at which all identity and place in the world vanish; in other words, those perverse images (in which the image of the victim and the persecutor vanish into a single transparent and amorphous figure) are also signs of the moments of erasure of the monitoring and broadcasting screens of systems of representation, language and identity, as well as being signs of the loss of all touch with "inner" or "superior" mechanisms which mediate by means of those very screens.

These "sites" of loss and disappearance (in Lacan's and Bataille's terms, sites of absolute desire) are sometimes made perceptible not only in the figure of the Jew as victim, but also in the metamorphosis of this figure into that of "Israeli casualty", the fallen soldier in Israel's wars: thus, through the figure of "the Israeli hero" the features of "the Jewish victim", the features of the anti-hero, are exposed, and at times too the features of the textual figure, principally the biblical figure of the victim - Isaac. Works of art which make the actualization of these images their main concern become kinds of victims of altars, as well as victims of others (alters). In this way such works peel away scabs that the images and narratives of Zionism attempted to form over the most painful memory-ulcers of the Exile; these works, as it were, open the Pandora's boxes into which these were stuffed and repressed: the pogroms, the expulsions, and especially the expulsion from Spain, and mainly the Holocaust.

Like the history of Israeli culture as a whole, the chronicle of Israeli art is a chronicle of memory, as well as being a chronicle of repression of memory and also a chroncle of the rediscovery of memory. It is a chronicle of signs of the past, but also a chronicle of signs of the future. The annals of Israeli art are also the annals of the signs of a future that exists out of the relatively brief past of Zionsim (Jewish settlement in the Land) confronting a future which the past culture of the Exile designates as its unrealizable horizon. The annals of Israeli art are also a variety of different interrelations among its various formulations of the future: a variety of attempts at repression of that "Exilic" eschatological future under a future connected with the promises of Zionism, and a series - concatenating especially in recent years - of increasingly stronger emergings of the repressed signs of that eschatological future.

One of the chief ambitions of Israeli art and art criticism in recent years is precisely this discovery of images and language structures - those of the Exilic culture and those already associated with the Israel culture, sociology, politics and anthropology itself - which have been repressed by the rhetoric of the spokesmen of the local ideology and the interests of the regime. Critical approaches such as these deal not only with the exposure and representation of the factors that have been repressed, but also with the display and representation of the rhetoric and the other means that have repressed these factors. But in the end, the same critical positions which come out against "sacred cows" and in favor of the smashing of those local myths in the names of which political and cultural injustices have been perpetrated (the myth of the sabra which pushed aside the Exilic Jew, the European "image" of the new Israeli which detracted from the value and rights of the Jew from the "East", the occupation and sanctification of the occupied lands, with the immense harm done to the Palestinian population, the attribution of this country to the Jewish people and the injustice thus caused to all the other minorities who live here) also somehow carry with them the memory of the socialist ethos and its "Robin Hood" myth. At a time when Israeli culture is making and discovering fissures in the local myths about its belonging to its Land - a time when it makes and discovers fissures in its rights to an appropriation of the physical, ideological and cultural territory which ostensibly defines it - other myths are almost imperceptibly appearing at the edges of its rhetoric: the myth of the exposing of the repressed, the myth of the repressed, the myth of the text, the myth of the Exile, the myth of the minorities, the myth of the "other".

The more that Israeli art conducts a harsh accounting with its own status, structures and contexts - disciplinary and interdisciplinary, textual, pre-textual and contextual - the more it also invokes the existence of the "others" as part of its own identity - the "soft" and "hollow" spots within the various linguistic structures that define it. And the more the "others", the "black holes" in the structures which still somehow define it (structures which generally rely upon its definitions in the past) grow, the more Israeli art identifies itself solely in terms of the signs of its "otherness" to cultures foreign to itself. It will identify itself in terms of its being borderline and "other" to cultures of the Near East, and especially in recent years it will travel to the Far East in order to mark itself as "other" and as being both distant from and in some sense parallel to these cultures. But essentially (and this has been the case throughout its brief history), Israeli art is meticulously, almost fussily, examining its relations, its affinities and above all its "otherness" to art that is created in the "centers" of Western culture: Europe and the United States. The more that Israeli art increasingly makes its declarations of no-confidence in the ideology involved with connection to the Land, the more it also reinforces its turning toward the international art language - which for its part eludes any casting of anchors in places that have a fixed topography, as well as places that were instituted by culture (family, nation, museums, and in our period - especially in the texts of sciencefiction - even the time and space of the planet Earth).

It is worth noting, if only briefly, that the route of wandering taken by European and American art begins primarily in the set of Romantic perspectives that penetrated into Modernism - perspectives which glorified the image of the nomad as an embodiment of total liberation of the individual from the yoke of norms imposed by conventions and institutions; its current harbor is the Postmodernist world-view which, as a deliberate and political act, signifies ways of escape from any unifying, centralizing and hierarchizing world order that bestows meaning on elements within its bounds. The postmodern dispersion into conceptual "islands" which alone have a permanent order may be grasped as a demonstrative extreme of those Romantic wanderings that have got into a nomadic spin. But the values of individualism and of man's superiority over his environment - which in Romanticism was conceived as the motivation for those wanderings - are analyzed in Postmodernism as a rationalization that covers up for tyrannous strategies practiced in the superinstitutions of Western civilization (which in actuality are the ones that determine the cultural order in the West and its colonies). The Postmodernist attempts to dismantle and disperse these structures are part of the discourse prevalent today about "the other", in the voyages of theory to "peripheral cultures" and "the Third World", and in the structuring of works by means of reproduction - which reflect mechanisms that today operate at all levels of the culture and produce details which by their nature wander between no-place and every-place.

Yet as Israeli art examines the definition and the dismantling of the definition of its territory in relation to the processes occurring in the Western art centers, it also thematizes the disparities between the "deconstructive" processes occurring there and in those occurring in Israel. As it grapples with questions of local identity, Israeli art is still acting with an affinity to the romantic nationalisms and utopian movements of the 19th century, of which Zionism is an offshoot. In contrast, most of the art being done in the Western centers tends to dismantle traits of local nationalsm, and points to them not as objects of nostalgia or as active factors, but as stumblingblocks, which still exist by dint of habit or arbitrary authority. A not inconsiderable portion of the art being done in Israel today wanders between that affinity to problems of local identity and a nimble and "external" adoption of cultural models that are connected with a world which sees all nationalism as anachronistic, as part and parcel of that humanist ideology which brought about the de-humanization of all of humanity.

The Beginnings of Israeli Art: The "Bezalel" Period

"Bezalel", the first art school and center for the creation of art in the country, which in the local historiography is generally perceived as the beginning of local art - of Jewish art in the Land of Israel - is a part of the historical, ideological and utopian mosaic of the Zionist movement in the early part of this century. Central figures who spoke of Zionism in those years, such as the philosopher Martin Buber and the reviver of the Hebrew lanugage, Eliezer Ben-Yehuda, expatiated on the educational and therapeutic role of art and awareness of beauty; these, they said, could serve as "tools" that would take the Jewish nation out of the culture of the ghetto and turn them to a use of the senses and an affinity with nature. Theodore Herzl, who envisaged the Jewish state, was the person to whom Boris Schatz, the founder of "Bezalel" and the driving spirit behind it, went to receive his blessing and permission to establish the institution. In his autobiography, Schatz wrote: "When I felt I was ready to dedicate myself to the idea, I went to Dr. Herzl to tell him of my dream. 'Good, let us do it', he said in a whisper, but decisively, and asked: 'What name will you give your school?' - 'Bezalel', I answered, 'after our first master-craftsman, who built us a tabernacle in the wilderness'. 'Yes, a tabernacle in the wilderness', Herzl repeated". Is it a coincidence that both Boris Schatz and Theodore Herzl stress that Bezalel and his tabernacle both belong to the wilderness, the desert, the interim generation of nomads who did not enter the Promised Land?

"Bezalel" was founded in 1906, before the establishment of the Hebrew University in Jerusalem (1925), indeed before any other secular institution in the country. Israeli art's existence as an "isolated cell" thus already characterizes its beginnings: just as "Bezalel" existed as an "island" in the place where it operated, so too was it a "bubble" separated from the chronicle of occurrences in the field of the artistic avantgarde of those years. The innovations made by Cézanne and other Post-Impressionists made almost no mark on the works of the "Bezalel" artists, and the principal style which did influence their works - those of artists like Ephraim Moshe Lilien, Ze'ev Raban or Jacob Kantorowitz - was the German Jugendstil. In Gideon Ofrat's view, it is possible that the closeness of the Jugenstil to the structure of Hebrew ornamental art made it suitable, in the eyes of the "Bezalel" artists, for the connection between the utopia created in the countries of Europe and the forms of the Orient - the place intended by that utopia. Fig. 4

But the use of the Jugendstil as a central style in the works of the "Bezalel" artists seems also to have been linked to the special place that Boris Schatz accorded to craftsmen in the realization of the Zionist utopia. Schatz, a communist in his youth, who in his later life also laced his speech with terms taken from the communist language, conceived of the art of "Bezalel" - and also its existence as a national art - as a kind of hive of workshops for artists and artisans, builders, coppersmiths, picklers of vegetables, weavers, jewellers, toymakers and especially carpet-weavers. (In 1906 Fig. 5 Schatz wrote that their works are appropriate to "countries that suffer from a paucity of territories, or where the soil is not fertile, because through the sense of domesticity many families can survive on a fairly small area . . ." who would actively contribute to the building of the country and supply work and livelihood to its settlers and builders. The concept of work, for Schatz, was a central one for the validation of art, anchoring it in the other activities and needs of the social community, especially those connected with its industry. The artist-craftsman is described by Schatz as a creator and part of an idyllic world-picture - in his articles and in articles about him mention is often made of the artists and builders of the Land who dwell and work in its enchanted, almost "paradisial" landscapes (as part of his social vision and his vision of the place of the artist in a utopian and communal local society, Boris Schatz tried to found an artists' village in Jericho, and when this failed he founded a Yemenite artists' village in Ben-Shemen in 1911).

The identification of arts with crafts and with industry was a vision Boris Schatz shared with William Morris, forerunner of the "Arts and Crafts" movement active in England at the time that Schatz founded "Bezalel". Both William Morris and Boris Schatz spoke extensively about the need to integrate the arts in other creative practices, primarily folk crafts (Morris even argued for the total disappearance of art and its absorption into other fields of activity). Both of them saw creative craftsmanship as a way of returning to a homogeneous society, harmonious in the relations among its members and between them and nature, and both condemned mechanized industry (which, Morris wrote, allows rapid production that serves the interests of capital and empties out the proletariat's identity and capacity of identification or empathy. William Morris bound together his social criticism, his futuristic ideas, and the tactics he proposed for their realization, in the Communist utopia; Schatz bound all these together in the Zionist utopia. The great similarity of their ideas and rhetoric is one more model instance that allows us to think of the affinities between the Zionist movement and all the other utopian and nationalist movements of the 19th and early 20th century.

The Twenties

It seems that during the twenties local painting repeatedly expressed the desire to be integrated in the natural surroundings of the Land. Artists like Nachum Gutman, Israel Paldi or Arie Lubin, who migrated to Palestine in around the twenties, in painting after painting appear to express their intoxication with the nature of the Land, with the various faces of its exoticism and orientalism. They frequently painted the country's landscapes as bathed in - or stricken by - a fierce Mediterranean light, and also its nature - the flora and fauna that characterize and represent its nature; figures of Arabs, the natives of the place; the life and activities in the Arab villages - the goat-herding, the tilling of the soil, their movement through the landscape - activities characterizing a community living in organic affinity with the local nature. These landscapes, figures, and pictures of local life are painted in the stylistic idioms of symbolism, primitivism and "naive painting" (a lot of Rousseau) as these had been formalized by the artistic avantgarde of the early part of the century. Thus, a goatherd is depicted by Gutman as a figure that has both feet planted on ground and grows out of it, as though it belongs to it and is a primitive totem of it (actually a figure from the repertoire of Western painting covered with features from the masks of primitive art). In the spirit of Paul Cézanne's watercolor landscapes or the "mirage" landscapes of the Orient that Paul Klee painted, the landscape of the beginnings of Tel-Aviv by Arie Lubin (1912), or the Jerusalem landscapes by Yosef Zaritsky (1926), are painted as transparent realms, as a colony of hovering houses and trees, areas bathed with golden and enchanting exotic light or a cold and clear whiteness. The naturalistic detailing of the local-oriental vegetation (palmtrees, citrus orchards) in the paintings of Gutman in particular, is often shaped by the appearance of Rousseau's landscapes, which accords the painted landscapes a fantastic aspect, a picture of "Paradise". Against backgrounds of exotic color, parts of them abstract, the figures of the Arabs are staged in ritualistic still postures, thus endowing them an iconic status. These paintings ostensibly attest to a meticulous observation of the specific traits of the place: its images, cultures, landscapes, vegetation and above all its special light, but this phenomenography is at the same time bound up with the thematization of it: the conversion of the place into archaic, abstract, ideal, idyllic, iconic and symbolic scenes.

Fig. 6

A sober contemplation of these tendencies, however, discovers that the eagerness for mythification in fact cracks the world picture which it seeks to delineate. Uri Avneri and Yigal Zalmona have written that the morphology and symbols of the new Hebrew culture, like the mythologies through which it tried to create itself, were shaped out of motives and norms of the Diaspora - the antithesis of the Hebrew self-image. Using a Freudian terminology, Zalmona diagnoses a model of the new Jew that is based on types characteristic of the place, like the Arabs. This model, he claims, lacks any organic or actual affinity to the father figure (the Arab), and was created as an offshoot of Diaspora consciousness that recoils from the "gentile" but also longs for the natural and healthy life of someone who is other than it. "The 'Arabism' or 'Orientalism' in Gutman's work [turned into] a kind of mental category. [. . .] The very act of turning the figure of the Arab into a myth is enough to show the extent to which the Jewish settlers did not succeed to realize their wish to become absorbed naturally as an authentic part of the Orient", and this is certainy true of the fact of its being shaped by the Western-Romantic model of the "noble savage". The sobering up from this illusion, and the consequent removal of the figure of the Arab from the foreground of local art, were, Zalmona adds, a by-product of the riots at Hebron in 1929 - an early confirmation of the foreignness of the Jew in the new environment he sought to adopt as his own.

The stereotyped formulation of the figures and topography of the Land - that same stereotyped and structuralized drawing of its phenomenography - is like a textual and conceptual communication with them. This kind of approach, which distantiates the unmediated contact with the places and natural scenes of the Land of Israel may be connected with an eschatological world-picture which depicts "the Land of Israel" as a "place" that can be known only at the End of Days. The mediated - conceptual, linguistic, indexical - knowledge of the nature (and the landscape) may also be perceived as an expression of the world-view attributed to the figure of the Exilic Jew, the one identified as the figure of the "Man of the Book". If Zalmona sees, in the manner of representation of figures of the local Arab population, symptoms of a Freudian "primal father-figure", we may extend his idea and say that in the light of the representation of this "father-figure" as a distanced and textual structure (which does not allow for communication, dialogue and empathy with it and with the world), we may identify it with the Lacanian figure of the "name of the father" - which according to Lacan (or his interpreters, such as Slavoi Gigik) is a pre-Symbolic figure whose additional face or other extreme is the figure of the "obscene father".

Those first moments of the local culture, precisely those moments in which it attempted to identify itself as an antithesis to Exilic Jewry, have also been identified by Uri Avneri (in a more publicistic and ethnographic text) as haunted by the syndrome of the Exile. Avneri emphasizes that "the idea of a pioneering identity - which inverted the traits of the dissociated, "wandering" Exilic Jew and created the image of the new Jew in the framework of the Zionist vision - expressed itself with excessive sharpness during the '30s and the '40s. The pioneering ethos of the first years of this century was taken to an extreme with the burgeoning of national feeling in the course of the struggle against the British and the Arabs, and in the wake of rising anti-Semitism that reached its peak in the Holocaust. All these factors led to a zealous rejection of "Exilic" traits from what sought to be an authentic Hebrew culture. The image of the sabra - which had replaced the image of the "old" Jew even earlier - was that of a new Hebrew Jew, who absorbed his identity from the topographical, geographical, climatic and demographical conditions of his physical environment, as well as from the sediments of past culture buried in the soil of the place. In a macabre way, the rejection of Diaspora traits almost received a cruel justification of how essential it was when the model of Exilic Jewry in Europe was ejected to outside any territory, geographical as well as conceptual.

The Thirties

A little like the artists of the "New York School" - who were also emigrants from Europe - the Jewish artists who were already living in Palestine or had just arrived there continued to extend (and reinforce) their turn to European art (European Modernism), especially to the French and German avantgarde of the time. During the thirties, the increasing influences from France and Germany temporarily overshadowed the interest of artists in the Orientalism and narrativity of the Land. For a time, then, a screen descended over the "Land" and the gaze upon it. The School of Paris was most influential then, with the range of orientations it exhibited (the contemporary ones and the slightly historical ones). Courbet and Corot served as sources of influence (on Zvi Schorr); the Post-Impressionists were a dominant source for imitation (on artists like Shemi, Stematsky, Aroch), and the Jewish "school" operating in Paris, especially Chaim Soutine, was a major influence a little later. Fig. 7

The French influences are evident especially among the artists who lived in Tel-Aviv in the thirties. Itzhak Frenkel, who had lived in Paris in 1920, opened a workshop-school in 1925, where artists like Mordechai Levanon, David Hendler, Sima Slonim and others studied (during the day they worked as pioneers and in the evening they came to learn art). Yosef Zaritsky and Avigdor Stematsky - who would later be considered as two of the founding fathers of the avantgarde of abstract painting in Israel - in those days painted under the influence of Cézanne's landscape paintings. Hence the landscapes of the country depicted by them wear something of the appearance, the structure and the atmosphere of French boulevards, streets and village paths. Dorit Levite writes: "The French influence filled a hiatus that had come about due to the rejection of panoramic art. Israeli landscapes began to become darkened and almost French . . . In Israel, the painter paints France".

One outcome of the increasing interest during the thirties in the School of Paris was the journeys - pilgrimages almost - to Paris. In 1930 Stematsky went there, and later explained this journey as a response to a sense of isolation: "We felt isolated. When I went to Paris, in Israel there was no sign of a museum or of galleries, reproductions were most rare, our sense of inferiority to French painting was so strong, that there we felt like pupils. I lived in the Latin Quarter, the place of the students, and not in Montparnasse, the place of the painters". For some of the artists, the encounter with Paris was traumatic. Paldi, for example, destroyed all the works he had done before that, and Arie Aroch, years later (in 1974), wrote that his first journey to Paris was like a troublesome and difficult childhood experience: "When I came there I felt great confusion. I couldn't find myself, and I just wandered around as if stunned through the museums and galleries . . . The importance of the School of Paris was in its negative influence. For many years I found no defence for myself from mental suffering and feelings of harsh despair which that concept and phenomenon caused me, from the moment - yes, from the first moment when I knew it personally. In 1934, when I was twenty-six, my feelings on this subject deepened and became something like memories of a difficult childhood."

Under the growing influence of the contact with the French art field, in 1932 an art journal titled "Gazit" was first published. That same year a museum of art was founded in Tel-Aviv, and Marc Chagall was invited to be its adviser. At the same time, two more workshops where painting was taught were established in Tel-Aviv. In 1932 Zaritsky opened a workshop, but a year earlier Stematsky had returned from Paris and was asked by artists (Yehiel Kriese, Pinchas Abramovitz, Raphael Moewe and Amiram Tamari) to open a workshop to teach painting at. Stematsky: "Anyone who went to Paris - his return was a real event; anyone who brought back reproductions - people would come to see them. Haim Attar, who was a baker at Kibbutz Ein-Harod, would travel to Tel-Aviv to see a single picture, and that day there was no bread."

During the thirties, while the French influence prevailed primarily among the artists living and working in Tel-Aviv, Jerusalem was the center of those artists whose work was marked with the influences of the German avant-garde - primarily expressionistic influences of artists such as Max Liebermann, Lesser Uri, Lovis Corinth, Paul Klee, Wassily Kandinsky, Otto Mueller, but also influences of more rational schools like the "New Objectivism" and the "Bauhaus". Most of the artists who arrived in Jerusalem during the thirties were part of a large migration of Jewish intellectuals after the Nazis' rise to power. The background to their work is certainly a tragic one: being torn from their German mother-culture (a trauma which was certainly also the lot of other German Jewish intellectuals such as Walter Benjamin and Erwin Panofsky), difficulties of absorption (and livelihood) in the new country, and isolation, hermetic and marginal existence among the local artistic community of the time. The hostility at the time towards anything that did not come from France is most apparent in the story of the painter Miron Sima: "In Tel-Aviv there was the famous cafe 'Snow of Lebanon'. Zaritsky, Fenkel and others would sit there. Leon Fine incited me there to meet the artists, Zaritsky said to me: 'You're from Germany?' 'Yes', I replied. 'The Germans have no painting at all', he said. I told him that especially in Germany there is important painting, and that modern art passes through Germany - the Bauhaus, Kokoschka, Paul Klee, Otto Dix, etc. I felt very strange there. I saw that between their aestheticist orientation and our less glittering one there was an abyss".

As a reaction to this "abyss", to their isolation from the local community of artists, the artists who arrived from Germany created their own "alliances" and sites. They had their own cafes ("Ta'amon", in Jersualem), group shows, and even galleries ("Schlusser" in Jersualem and "Mikra Studio" in Tel-Aviv), where they spoke German, drank coffee, and leafed through German books on theatre and art. These were "pockets" or "isolation cells" of German culture existing outside their mother-territory, just as they were also existing outside the physical and cultural territory in which they actually were living.

Within the Jerusalem community there were also some artists who had arrived even before the Nazis rose to power. Prominent examples are Ludwig Blum, who immigrated from Czechoslovakia, and Anna Ticho and Leopold Fig. 8
Krauer, both of Austrian birth. These three artists painted the landscapes of Jerusalem, details of it or the mountains around the city. With a line that looks like a sensitive seismograph, resolute and hesitant at one and the same time, Krauer and Ticho drew Jerusalem or its vegetation as isolated, arid regions, emptied-out and somewhat vulnerable. Both of them, as Gideon Ofrat has written, were painters of "the loneliness of the Jerusalem landscape". Both of them, we might add, painted mainly the fields and hills around the city, and also the position of standing at its border, at its margins, at a distance from it without the capacity to come inside it.

The expressionistic potential of the line, the capacity of expressionistic drawing to express loneliness, were exploited by other Jerusalem artists as well, such as Steinhardt and Bodko. In Steinhardt's works, as Gideon Ofrat Fig. 9
puts it, "German Expressionism's vision of the end of the

world is converted into depictions, rich in pathos, of the gloom and wretchedness of the *shtetel*". And in Bodko's work, "the place of the houses and alleys of the *shtetel* is now filled with the Me'ah She'arim quarter and its alleys". The depiction of Jerusalem in the shape of Me'ah She'arim - that ultra-orthodox quarter where to this day time seems to have stopped and which exists like a ghetto and a "site of Exile" completely isolated from the cultural dynamics around it - thus identifies Jerusalem in the shape of the Jewish shtetel in the countries of Exile.

The styles which were brought in from distant lands at times also served as means of transport: for journeys to distant and mythical times and regions: German Expressionism was also frequently used for the depiction of biblical topics and images. At times, as Ofrat notes, mythical images and motifs also merged with figures taken from the local reality, except that the latter were drawn in precisely the same style and from the same distanced and idealized position as were the mythical figures from the past. Ofrat: "After a visit to Kibbutz Afikim in 1944, Saba painted walls with "kibbutz" motifs: the figure of a kibbutz-member, a water-tower, a dining-hall, etc. Here we may also speak of the presence of the "New Objectivism" remembered from Germany. Between the years 1945 and 1954, themes of kibbutz work, the versions of the "shepherd" and the "shearing" appeared, beside biblical themes, in monumental works".

The most prominent attempt to blend symbols of Jewish tradition and religion, symbols of the Jewish shtetel, symbols of the break-up of the *shtetel* and "texts" of cosmic (metaphysical) symbols created by the German avantgarde (the Bauhaus, especially Klee and Kandinsky) was conducted during those years - and later too - in the works of Mor-
Fig. 10 dechai Ardon. He simplified the landscapes of the country he depicted and stripped them of their descriptive dimension, to transform them into vistas of another place, of a "Jerusalem of above" figured as forms and symbols and recollections of sacred Jewish texts - kabbalistic symbols, talmudic allusions, pages from the holy books, fragments of scrolls - worked on from a great familiarity with the lexicon of "absolute" forms and symbols produced in the "Bauhaus". This mythicization of the Eretz-Israeli places in the Land of Israel, the allegorical and symbolic status that Ardon accorded them, would in a strange way attract to him - in the early forties - local artists such as the "Canaanites" (with whom he had absolutely nothing in common ideologically). But the character of Ardon's work also isolated him from any central status in the chronicle of the local avantgarde. It was Ardon, the son of a watchmaker and jeweller, who as he himself said "from this memory of my father's home learned the mysticism of time" (Ofrat), who painted the places as a "Place" - he painted it in a way that expropriated it of the traits of its concrete time and concurrently continued, for decades, to rehearse the same, almost symbolic style with almost no connection to the dynamics and transformations of the artistic avantgarde movements of those years. Ardon is certainly one of the prominent and tragic instances of the "autism" and "exchronicity" that charaterized and to a large extent still characterize Israeli art.

The traditions of painting and woodcut imported from Germany were sometimes also turned to themes connected with the Orient; a prominent example of this was the artist Rudi Lehmann (immigrated from Germany in 1933), who made woodcuts and sculptures connected with expressionist sculpture as well as with Egyptian and Sumerian sculpture. As time passed, a counter-response to influences from the outside also began appearing among the artists and critics sheltering in the shade of the influence of French art. Menachem Shemi, who was such an admirer of French art, in his later days, as Levite describes it, turned "towards the art of the Orient . . . a more mechanical return to the Orient, a kind of speculative return, characterizes the works of Kastel." But the most trenchant return to the Orient, to the Orient that reveals itself as the "Place" and to the "Place" that reveals and intensifies itself by being part of the Orient, was certainly that of the "Canaanite" movement. The "Canaanite" orientation, with all its manifestations in the sphere of visual art was perhaps an extreme expression of that yearning (an almost desperate yearning, dissociated in its degree of performativity) to institute a blood-covenant with the soil of the "Place" and to declare a belonging to a cultural-geographic region.

The Fourties

The founder and central figure of the "Canaanite" movement was the poet Uriel Shelach, who was later known by his pseudonym Yonatan Ratosh. In his youth he was a member of the right-wing Revisionist movement, but at a certain stage he left it. In 1939 he returned from Paris and conceived the doctrine of "The Committee for the Consolidation of Hebrew Youth", later to be known as the "Canaanite" movement. The group that consolidated around him included poets (Aharon Amir, Benjamin Tammuz), sculptors (Benjamin Tammuz, and, some claim, Itzhak Danziger as well, for a certain period) and leading figures in the "Palmach" (the "shock troops" of the Haganah, the defence organization of the Jewish settlement in the Land before the establishment of the State of Israel). This was a small group, almost sectarian in character, but it had an extensive and suggestive influence on broader cultural and social spheres. The "Canaanite" ideology aimed at the reconstitution of a Hebrew nation, speaking Hebrew only, living in a defined territory, possessing defined interests (aspiring to sovereignty over its soil and hence to the ousting of the British Mandatory regime), totally dissociated from the Jewish Diaspora in Exile (which according to the "Canaanite" doctrine lacks the status of a nation and is only a religious dispersion). The absolute severance of the Hebrew nation from Exilic Jewry would be accompanied and reinforced by the immersion of the Hebrew nation into the geo-ethnic space in which it exists - and for the "Canaanites" this meant the entire region of the Fertile Crescent, from the Nile to the Euphrates. In addition, the "Canaanites" wanted to nourish the Hebrew culture and provide it with a transfusion of renewed vitality by connecting it with its mythical and mythological roots - the Bible, and to an equal extent the pagan mythologies and religions which existed in the same geo-ethnic region - and especially with the material evidences (the fetishes) of those cultures. The recycling of concepts which are modelled on pagan cultures, such as cyclicality or eternal recurrence, served the "Canaanites" as a kind of ritual incantation, for drawing vitality and power from the pagan cultures of the Place and from their soil. The traces of the pagan cultures - the magical aspect attributed to their languages but mainly to their fetishes (some of them evidences of rituals connected with the soil and its entities) which were found in the soil were supposed to fertilize the soil - the soil of the region, the soil of the Hebrew culture that was renewing itself - with a mythical and magical dimension; alternatively, the finding, the existence and the recycling of those ritual fetishes out of the one soil (the one soil-of-the-region) was meant to endow them with a more magical and holistic dimension - a dimension which was always more inclusive than their historical dimension. The "Canaanite" passion for the soil of the Place found expression, as Yigal Zalmona has explained, also in the evocation of "archaic myths, the ritual of roots and the soil", and also in the obsession with archeology, "that digging into the soil with the aim of discovering the roots of your past, the traces of your mythical childhood".

Fig. 11

As a reversal of the humanistic Jewish approach which identifies itself through textual mechanisms (which to a certain extent resemble language structures that Walter Benjamin calls "ghostly"), the "Canaanite" movement sought to reinforce the fantasy pagan and magical identity, and for this reason it externalized and took to an extreme the adherence to the material dimension, the physical and material evidence (of what Benjamin characterized as cult evidence, a thing or object with an "aura") of the mythical memories of the region. Thus it is only natural that the "Canaanites" tried to adopt physical representations of pagan tribal behaviour (the gossip told of Canaanite orgies to the goddess Ashtoreth, that took place as part of the "Canaanite" activities) and in particular, sculptural representations that recycled the pagan sculpture, the figures of the idols of the Fertile Crescent region. Benjamin Tammuz, who, as stated, was a leading activist in the "Canaanite" movement, reconstructs the history of the movement and writes that "in the issues of Alef (the official pamphlet of the movement) of the forties there are numerous articles about Iraq, the valley of the Euphrates, the goddess Anath, the Ba'al and the Ashtoreth. The eyes are raised to a ritualistic culture at the center of which stand idols, altars, shrines - the stone work which is sculpture, that is the key point. The "Canaanite" art is an art of stone, that will move prinicpally between sculpture and architecture, and will try to overcome the religious prohibition which negates any form of sculpture in Jewish society". Although only a small handful of the artists active in the country in the '40s were actively associated with the "Canaanite" movement, its ideas and the fetishistic-material aspect stressed in its rhetoric, had extensive influence on the materials, images and forms of art: especially on the sculpture, the relief and the mosaic of the forties: evidence of this is the extensive use of stone and other local and natural material and their application to images and forms which were very influenced by the ritualistic repertoire of the pagan cultures of the region's past. With a more critical and retrospective gaze one may think of the almost baroque performative aspect that characterized the "Canaanite" representations of belonging to the Place, and from here, to think of their activities, which simulated acts of digging in the soil of the Place, not only as expressions of digging-in and absorption into the soil but rather as attempts to bury signs of dissociation and of lack of a place.

The Fifties and after: "New Horizons" and the "Lyrical Abstract"

"New Horizons" was another group which left a prolonged influence on the brief chronicle of Israeli art - especially on the art and the art criticsm that designates and creates its "magnetic fields" - the figures, the phenomena and the art-language "fields" that whirl intensively around its "discourse". In what a retrospective gaze can see as symbolic, the "New Horizons" group which for years was presented by the local art critics (who at first censured, and later championed it) as the beginnings of the artistic avantgarde in Israel, was founded in 1948, a week before the establishment of the State of Israel. At the start, and in its first years, the "New Horizons" group was founded and instituted principally for organizational reasons (Yosef
Fig. 12 Zaritsky established it for the purpose of administrative and representational organization of the exhibition of Israeli artists at the Venice Biennale of that year). But later too (in 1957), when central spokesmen in the group, such as Yehezkel Streichman, would nevertheless try to speak about its ideological line, they would do no more than to formulate it in vague and general terms: then too they would define the common denominator of their group (as Doret Levite explains) as the line of "a group that seeks, and thus collaborates - and not as a group with a clear ideological line".

Stylistically, "New Horizons" was a mixture, a collage of orientations, and thus its major importance was in its very existence as a group within the politics of the art community in Israel. The need for a collaboration based prinicpally on a selfdefinition deriving from the very need for collectivity, rather than on a necessary connection to a fundamental or seminal basis of that collectivity, may be thought of in terms of the notion of what Deleuze and Guattari call a "minor language", one which always operates within a communal definition and in relation to a political collective interest. Figures (artists) who to designate the starting-point of a process that will define their language will unite with others, may also be thought of in terms of the figures in "transitional states" ("liminal figures"), who according to Victor Turner exist as figures who lack any selfdefinition and therefore (to have some definition) tend to unite with others, their "doubles". Turner stresses the tremendous solidarity that exists among such "doubles" (each one a double of another identity-less figure) who are participants in those "transition states", and both Turner and Deleuze and Guattari, when writing about "minor cultures", stress the tremendous aggression (which, according to Deleuze and Guattari is a projection from a rhizome of desire that is not "inhibited" by fences and "masks" of identity and defined linguistic structures) that "liminal societies" tend to demonstrate towards whoever is foreign to them. The intra-group totalitarianism (which contered prinicipally around the figure of Zaritsky), and expressions of ostracism and violence against artists who did not belong to the group (for example, the refusal to participate in exhibitions in which artists who were not in the group took part) was a notincosiderable aspect of the ways of behavior of central artists in the "New Horizons" group.

With all the collage of styles that existed in "New Horizons", the most prominent of them, and those that left their imprint on other and later artists, were those of the geometrical abstract and principally the "lyrical abstract". This painting did not only try to adhere to the styles of abstraction that had crystallized in Europe, but also tried to apply them to the local landscape: it tried to use them as a tool that processes, stratifies and makes distinctive a language of local art that sustains an affinity to the nature of the place and to phenomena that characterize and conceptualize it. Nature, with its cyclicality - the times of the day, the seasons of the year, the growth and wilting of plants - was perceived as a source of inspiration and as motivation for the work of artists who were thought of as the "founding fathers" of the avantgarde in Israeli painting. Artists of the "New Horizons" movement - Yosef Zaritsky, Avigdor Stematsky, Yehezkel Streichman, Zvi Mairovich, Fig. 13
Eliahu Gat - and also an artist like Itzhak Danziger who was also considered another "liberal spirit" of local art, especially of the orientations towards conceptual art and environmental art which developed in it during the seventies - continued to see their own work as a "medium" that was "infected" by the rhythms of nature, of the nature of the Place and of figures who worked in these rhythms. Mairovich: "The wind and the rain turn the soil brown. It becomes brown. The wind and the rain give the abstract forms. . . The seasons of the year - that is my abstract".

The process of abstraction in painting, which according to this fantasy is supposed to stream from and towards the cyclicality of nature, has a double and spiral relation to the latter: it annexes itself to the cyclical rhythms of the landscape as to a phenomenon of its own; while doing so it strips the details of the landscape of their distinictive appearance and bends them into more open abstract forms, painterly rhythms of brush-strokes. A painterly movement that reproduces/reconstructs the same elementary rhythms of painting makes perceptible the cyclical rhythms, the more sublime and distilled essence of nature; alternatively, this attachment to the essential "pulse" of nature makes possible the transformation of the painterly texture into its more basic and abstract units. The recognition of this painterly abstraction as a process of substitution, in the course of which the landscape undergoes reduction and sublimation, was made by Yona Fischer who, writing about Zaritsky's work-process, defined it as a "transposition". Zaritsky, Fischer, claims, sought the nightingale's song from the landscapes of his childhood in the Ukraine, and tried to find it in the landscape he painted in another country. The longings for the place of his birth - which was so different to the place where he lived and painted most of his life - played an active role in shaping the lyrical aspect of his work. The transposition of the landscapes of this country into abstract and cyclical rhythms allowed him to see the landscape before him as a reflection of the pan-local: the landscapes of Jersuaelem of Tsuba in his paintings become a reflection of the landscapes of the Ukraine, or also of any landscape or any other nature. The act of abstraction, which erases the distinctiveness of the place, also erases the foreignness from it.

The painting of Zaritsky, Streichman and Stematsky, as also that of other painters in the "New Horizons" group, frequently relate, as stated, to the styles displayed during those years in the various trends of abstraction: they relate to Cézanne, to Cubism, to Braque, to the Informel. But it is worth noting that at the time when post-impressionistic styles were seen as avantgarde: in the local art field, in the European art field - the field which had produced them - they were already perceived as anachronistic. Furthermore, the Israeli artists presented these styles not from a position, that related to their ideational structure (i. e., the way in which these "international" styles sought to embody an aesthetic, cultural or social idea), but from a use - and generally a fragmentary use only - of their textures. Such partial and formalistic use employed only the external, "final" aspect of the artistic styles it adopted - which is to say, it related to their liminal aspect.

Moreover, the paintings of the three artists who were considered the dominant figures in "New Horizons" - Zaritsky, Stematsky and Streichman - tend to veil and soften their structures and also the structural principle of the post-impressionistic styles they adopted. This softening and veiling of the structure of the painting is not responsible for the epithet "lyrical" that adheres to these paintings. This "lyrical abstract" was characterized by forms, lines and networks of lines which were softened by means of their realization in white or whitened paint which covered the spaces of their works like a screen of clouds. This misty screen characterized not only the works of artists of the "lyrical abstract" - like Zaritsky, Stematsky, Streichman, Mairovich, Leon Fine, David Lanbar - it was also passed down to later generations of artists - like Raffi Lavie and later also Tsibi Geva, Nurit David or Ido Bar-El.

The whitened areas in the works of these artists appear like structures of fences or screens which inhibit and cover the signifying elements and "fields" - artistic and extra-artistic - of the art language and also its singifieds - which are ostensibly simulated in them. But at the same time, precisely on the surfaces and from within these "screens" and "fences", in those liminal areas, in those areas which still appear as the end and the external dimension only of the language structures which have been imported from another place, in those signs that erase and blur themselves, Israeli painting conducts its endeavors at its own self-signification.

Signs such as these, which map the abstract areas of Zaritsky's painting - those which designate themselves as abstractions of local areas of landscape - are accumulated into patches, bulbs of brushstrokes and networks of lines of color that frequently look like patches, fragmentary and about to unravel. This "cracked" and "unravelled" appearance may also be perceived as a kind of simulation of "another world" which peeps through the "patches" that cover it, but also as evidence of tissues the fusion of which into skin and sinews, a new identity, is on the verge of failure. Nevertheless, the screen structures, which look hesitant, erased, softened (lacking any real scaffolding) and unravelled also resemble those that were laid down resolutely, and demand a decisive existence; this is a resolute painterly rhetoric which exists as a cover-up for painterly expressions of uncertainty, or a painterly rhetoric that emphasizes its resoluteness despite the insecurity contained in it. The acts of abstraction by Streichman or Stematsky, in contrast, seem to accord the fragmentary tissues, and the "unravelled" networks of lines in them, a more melancholy, transparent and dreamy appearance;

this is a painterly rhetoric that covers up for the fragility in the hovering and dreamy scenes, or a painterly rhetoric that makes possible these more poetic and slender scenes precisely out of and because of the sense of uncertainty.

The screen of white that covers the surfaces of the works by the artists of the "lyrical abstract" also creates an effect of strong light. Because most of these paintings have been perceived as abstractions of the local landscape, the strong light that floods or strikes in them has been perceived as an expression and extension of the Mediterranean light that bathes the landscapes of the region. In the works themselves, the abstract painterly landscapes, the same white light is also perceived as the medium that transforms the concrete reality of those abstract landscapes - as well as the landscapes and places that are simulated and abstracted by means of them - into places of "light", into "meta-places", mythical places devoid of a historical place and time.

The extensive use of white and whitened color, the abraded appearance of elements or areas in the paintings, and the apparition of painterly layers under other, abraded or transparent areas, accords these structuralized works an archaeological impression; the archaeological impression is characteristic of the "lyrical abstract" a well as of Israeli painting that turns to different orientation (a distinctive example is the painting of Moshe Kupferman) and the painting done many years after it. This archaeological impression identifies the works with acts of removal of coverings (the removal of layers of soil that cover the findings) and acts of discovery. The reality of those works with an "archaeological" appearance are as-it-were transferred to a past time, but concurrently they also connect with knowledge of the "past" only through its fragments. "Archaeological" knowledge of the past also means a completion of the historiography of the world of the past - deciphering and re-uniting its fragments by the writing of the narrative that is continued through the gaps between them, in an action that goes on in the present. The according of an archaeological appearance to the works is like connecting them to a discipline that identifies its reality with past time, while also identifying past time as the "field" it itself creates. The representation of the archaeological structures as painterly elements - i. e. the presentation of the archaeological things as elements that do not appear like fragments of a real culture of the past - only intensifies the representation of the past as artificial and imaginary.

In a spiral route that leads back to a past which is registered artificially, in that route which turns backwards to signs of a past which have not yet been fixated, move also a not inconciderable part of the chronicle of Israeli art in general, and some of the private chronicles of its veteran and prominent artists. Distinctive examples of this will be the chronicles of Yosef Zaritsky's and Moshe Kupferman's artistic practice. For decades they have been recycling and reproducing the same signs and the same painterly sign-structures which are presenced in the space of the works as well as blurring, covering, and being covered by other elements there. The reverse movement of these signs is like a movement towards a point-of-fixation designated in the shape of a "linguistic site" that is fragile, singlelayered (still made of an "external" layer composed principally of imported external textures of styles from foreign centers of culture) and unfit to function as a foundation for a language system that can grow from it. But the choice to actualize the painterly process by means of and within this "fixation" is also like a turn to those "sites" of signs that presence and erase themselves at the same time - those signs that reveal and conceal themselves, signs that designate themselves as their own past as well as designating their past as created by them, signs that sign themselves in the sign of their own past but also erase and blur this past of theirs - as the only possible places for the designation, now, of the art being created in Israel; and perhaps also as the only possible places where in the future a more essential and stable designation may be found.

The sobering-up from the Zionist dream has of late been occupying historians, theoreticans and artists in various fields. It is discussed in an indirect manner by the sociologist Zvi Sobel in his book Journey from the Promised Land, which charts some of the motives for the phenomenon of emigration from this country. He shows how this leaving, real or imaginary, is connected to a collapse of basic values which crystallized around the Zionist vision in the early years of Jewish settlement here, and which remained ideologically central during the first years of the State. This collapse of values, Sobel writes, derives from the young settlement's unreadiness to recognize the contradiction between the fact of its being an immigrant society and the homogenity of the Zionist idea.

Until the mid-'60s, the media and the network disseminating local metamages prevented its target-audience from receiving any information that might crack this homogeneous image of Israeli society. As Batia Donner shows in her book "To Live with the Dream", all information about the non-absorption of North African Jewry and about the economic-class polarization that was becoming increasingly extreme then, was meticulously swept to the margins.

After the 1967 Six-Day War the disparity between the various social strata was sharply spotlighted. This disparity, Sobel stresses, penetrated deeply into public consciousness as a consequence of the intoxication with victory that swept all sections of the nation. The new and painful awareness of the social polarization found its most demonstrative expression in the "Black Panthers" movement. Its violent demonstrations can also be seen as sober presentations of the failure of the homogeneous Zionist image.

All these fissures in the Israeli identity, which started surfacing after the 1967 war but were obscured because of the intoxication with victory and the confidence in the country's new borders, were lit up all at once in the wake of the Yom Kippur War. The euphoria that had caused an unrealistic conception of Israel's capabilities and status in the international arena was replaced, as Sobel points out, by despair, collective anxiety, an undermining of belief in the society's central institutions, and a loss of confidence in the ability to defend the borders of the State.

The 1967 and 1973 wars thus mark crucial turning-points in the process in which, out of the ruins of the Zionist values, the persona of the "Wandering Jew" reappeared. The Gulf War in the winter of 1991 was an additional link in this process. In this strange war, for the first time in the history of the State the rear was exposed to missile attacks and the treat of weapons of mass destruction. The sense of being vulnerable and unprotected within the country's borders became more extreme than ever, and penetrated into the private home of each and every individual. Beyond the realistic fear, an apocalyptic dread spread through the populace, fanned by the constant flow of reports brought by the media. The local populace drew a kind of masochistic satisfaction from the images of its unstable existence, and turned them into a kind of marker of its identity. The media's revels around destroyed buildings, people left without a roof over their heads and evacuated to hotels, images of ruined cities in Iraq and of refugees fleeing in convoys of overfilled cars to an existence of living out of bundles - intensified the sense of infirmity and of loss of home. The fact that the uprooted belonged to different sides in the Middle-East disputes produced a kind of temporary deterritorialization of the entire area, and prevented the viewer of those images from identifying himself as belonging to any settled territory whatsoever. The incessant transmission of the war events by means of satellites, and the conducting of it by sophisticated means and by remote control, polarized to an extreme the position from which the war could be related to - between the interior of the threatened home and some point outside the earth's atmosphere. "Desert Storm" took place in a kind of Baudrillardian "hyper-reality". A world of information units streaming into every home, in which "each person sees himself at the controls of a hypothetical machine, isolated in a position of perfect and remote sovereignty, at an infinite distance from his universe of origin".

The awakening from the Zionist dream left deep traces upon Israeli art too. The falseness of the hope for an "Integration of the Exiles" finds embodiment in recent years in an intense interest in the ethnic past, in the folk art, folklore and customs of Diaspora communities. This interest is expressed on the one hand in attempts to recycle those cultures here in this country (as exemplified by the increasing popularity of "oriental" song), and on the other hand by voyages "in quest of roots" to the countries of origin, that dwell mainly upon the Holocaust. The ferreting in this painful wound in Jewish history is evident in the attention given to art that was composed during the Holocaust period (Micha Ullman, Moshe Gershuni or Haim Maor in the visual arts, Ziva Amishai-Maisels in her comprehensive study of the Holocaust's influence on art) as well as in many studies of the connection of the generation born in this country to that historical trauma (the "second generation" syndrome) and in studies which connect the history of the State to the events of the Holocaust or analyze its theological aspects (Funkenstein 1991).

It is possible that the recognition of the open rift as a recurring pattern in the life of the Jewish people is also connected to the interest many Israelis have been taking recently in the Kabbalah, which sees the creation of the world as an event of "contraction" and a "breaking of the vessels", and of its existence as "exile". The turn to patterns of the Babylonian Talmud also expresses the conception of local culture as an inter-textual interpretative world that constitutes an echo of the patterns of the Diaspora. To an equal extent there has been much interest in Jewish thinkers (such as Moses Mendelsohn, Franz Rosenzweig, Martin Buber, Edmond Jabès or George Steiner) who characterized Jewish existence as dissociated from a land or from a defined entity. All these things lead to an understanding of contemporary Israeli reality in the light of norms of the old Jewish world. In this spirit, the establishment of the State after the Holocaust and the waves of refugees who arrived here during those years are grasped as one more chapter in the cyclical story of the wandering Jew, who flees from every place which has flung his strangeness in his face. The first waves of immigration, which brought only a tiny number of Jews to the country - relative to the number of residents in it at the time the State was established - now also appear, in retrospect, as further traces of that same Jewish longing for a utopian place, devoid of any real grasp of actual conditions.

A large portion of the local discourse about the sobering-up from the Zionist vision is marked by an unwillingness - at various levels of awareness - to give up certain aspects of that vision. This hanging on to the battered dream is still evident in the almost obsessive attitude to the country's nature: "The love of our country, in the second and third generations of immigrants, is more intensive than that of others in other places in the world", writes Shlomo Shva. "This is the yearning of orphans for a home, the love of the thirsting and the dispossessed who have discovered a treasure: earth, sky, forests, soils of different kinds. [. . .] The yearnings of our homeless parents exist in us too. [. . .] These discoveries, which lead to long voyages to distant corners, have brought to the world works of literature and poetry, music and art, painting and sculpture".

Materials and subjects connected to the country's nature are still central in Israeli visual art too, where the delusive factor in the identity-building project continues to subsist. It is possible that the multiplicity of works that deal with the country's nature, their intense attitude to the subject, the tendency to situate sculptures at sites symptomatic of the place, as well as the critics' insistence to label art done here in a context of the country's nature - can all be grasped as another echo of that nervous love that stems from "the longing of orphans for a home".

These expressions are especially interesting because they make tangible the ambiguity of the rupture in relating to the place: this is a rupture in the illusion of a pantheistic unity with the land of the place, a unity that was essentially autosuggestion: on the other hand, it is also a rupture in consciousness, which cannot turn its sobering-up into a definition of a new identity, and continues to hang on to images and slogans of the ideology that is being abandoned. But the formal articulation of the values of this ideology in the light of the sobering-up involved in its reappreciation situates the Israeli identity in the gap between the idea and its rupture. Retrospect makes possible a critical distancing from those values, revealing the unconscious rents that were torn in them already in the early days of Zionism.

Scars in the Territory

Allies and point of references - trademarks to the courses that point out from the territories to their remote distances - were found in those international trends (modernist and post-modernist) that thematize themselves in the images of traces. Any identification of traces, of an indexical element, involves the recognition of a factor that is absent from the present space; a text comprised of indexes is an abandoned field, one which echoes something that is other than itself, that is missing from it, that introduces a rupture into its continuity and unity. Thematization of traces of leaving, in captions, signboards, or in physical structures with an environmental and anthropological context, opens up the signs of the traces to patterns from other fields. It is possible to follow the route of such structures of traces or traces of structures in the tradition of modern art, starting from the painted ruins of Romanticism, through the orphaned objects of Dada and Surrealism, and ending with the objects of Post-Modernist art and the products that it adopts.

The insertion of the interpreter - a factor present outside the work's formal framework - into the decisive center of a given text is an act of conceptual opening that bursts the framework and the fixed definition of the work. The inviting of interpretation to create the meaning of an item - which is in itself empty, severed from any context or meaning - constitutes an admission of the existence of a range of possible interpretations, and of the mobility of the work's meaning among various positions of otherness. Another kind of opening up of the conceptual and semiotic framework was effected, as Rosalind Krauss suggests, in conceptual art (primarily in environmental works), which inserted data of identity and organization from extra-artistic spaces and cultural fields into works of art. According to Krauss, the work's existence in the midst of patterns and definition-data from other cultural fields aims at a definition of the sculptural object as a sign of the "sitelessness and homelessness" of architecture or landscape. Tl is paradigmatic principle is sharply demonstrated in works that presence abandoned relics. To what Krauss had said one may add that an obsessive dependent relationship with a place is distinctively exposed when the sculpturing action is an act of digging performed bodily by a person - as a projection of the will to extremize the relationship with the earth's "interiority". The self-evident belonging and natural connection to the earth are in these cases converted into an exteriorization of the contact with it, a performative and artificial declaration about a contact with the distinctive representative of organicity and of organic connection to place.

In this spirit, prominent in the art that has been done in Israel in connection with Earth Art or Minimalism is a considerable group of sculptural works with an appearance of temporariness which hints at a future possibility of abandonment or at the presence of a nomadic past. The inner space of the works of Yitzhak Danziger, Micha Ullman and Michael Gitlin, and particularly the actions of opening up pits in the earth (expecially by Ullman, but also earlier, if implicitly, by Danziger) signify traces of bounds that have become emptied of their contents. These works, which mix "warm" materials (like wood and earth) with means that emphasize sterility, wear, decomposition and decay, as it were imprint upon their hollow structures traces of yearning for "home", for a whole and organic structure.

If hole-making is an act of nullifying, then any place that has become emptied or been imprinted with a sign of emptiness, any dismantling of a unitive form into a more open and comprehensive dimension, becomes a place intended for a mediative activity of kenosis, emptying-out, and an opening-up of consciousness to fields other than its own patterns of knowing the world. Danziger intended a possibility of this kind when he planned that the structures of water-holes, which he proposed to dig along the "Arava road", should serve as stops or stations on the route of travel of those who drove along this road. His *Livestock Pens* sculptures (1962), which were made in the course of his investigation of the nomadic culture of Bedouin herders, are mediative media of this kind. The flimsy connections among their parts and the open breaks between their walls emphasize their emptiness and the fact that the casing is a by-product of a functional site that has been abandoned.

Other empty areas in Danziger's works are pits that he points to in the book *Makom* (Place) (1982). These are a documentation of archaeological, anthropological data that show pits, deep traces of what at the time were acts of extraction from the surface of the soil, and today are evidence of the disappearance of a culture.

"I'm a digger", says Micha Ullman. Digging in the earth, leaving empty forms in it, treating and giving a form to the earth that has been dug out of the pits, are his most characteristic actions. In the catalogue of Ullman's last exhibition at the Israel Museum, Yigal Zalmona describes a prolonged succession of digging actions, beginning from early in the '70s: "In 1972 he dug pits at the Arab village Messer and at Kibbutz Metzer, and filled each pit with earth that had been dug from the other pit, as a symbolic action of political and existential unity".

"The archaeologist too digs graves", writes Zalmona, perhaps because the archaeologist conducts a journey to discover relics of an extinct culture. The fragments that he exposes do not exist, in effect, without his gaze, and their chronicle is formulated by him by means of the language of his disipline. But this discipline (even when it is conscious of its reflective activity) represents the historical processes that it contextures as events that happened in the past (bevore the language of archaeology which constitutes them). Hence, archaeology conditions itself upon a prior time that it itself signifies - a time signified as an artificial product, and not as an origin or an authentic basis. Ullman is also a gravedigger who does not bury, conceal or plant anything in his pits. He does not designate the last resting-place of some person, the place of the absolute reunion of man and earth. His pits are scars only, which point out the absence of any union at all; his empty diggings mark the earth with the sign of absence of inner identity. "Ullman draws graves", writes Zalmona, "sometimes a mass grave".

For some time now Micha Ullman has spoken of his affinity to the poet Paul Celan, an affinity he shares with the German artist Anselm Kiefer; Kiefer's affinity to Celan, who has been termed the poet of nothingess, finds expression in the group of works *Shulamith and Margarete* (1983). This group of works was dedicated to a motif that recurs in Celan's poem "Death Fugue". In this poem, two personae sing in alternation, while digging graves: a German longing for his distant beloved (Margerete whose hair is golden) and a Jew who yearns for his beloved who was put to death in the furnaces (Shulamith whose hair is gray). Gradually the songs of the two intermix, with a blurring of the distinguishable identities of the executioner and his victim. They become one voice, singing to an absent beloved. Celan, Kiefer and Ullman dig graves for characters that lack a distinctive identity (personal and national), a distinctive space, and a resting-place - both when they face their deaths and after it. They make palpable the most authentic moment of the encounter between the subject and death, in order to dissipate the representations of death in laguage and culture - in the spirit of that existentialistic writing in which death is conceived as the only moment in which the subject knows himself in a manner that has no linguistic precedents, and therefore cannot be reproduced and transmitted further.

Fig. 14 In 1990 - in Lodz, Poland, not far from where the Lodz Ghetto was - Micha Ullman dug in the ground, creating a minimalistic image of a chair (similar to one he had done in 1989 in a barely visible outdoor work in Rothschild Boulevard in Tel-Aviv). Any place is equally suitable for the execution of his action, which can be seen as a deterritorialization; but when the digging and the covering is done in Wschodnia in Lodz, the deterritorialization strikes directly into a place that is suffused with memory of exile and destruction, a place in which histroy committed a deterritorialization of the Jews. Ullman's digging and leaving of traces in Lodz are like a peeling of a wounded tissue that had healed (the forgetting), an exposure of the wound, and after that a re-healing, which is meant to foreground the scar of consciousness and memory.

Michael Gitlin's sculptures are characterized by
Fig. 16 Zalmona as "open and rickety, but also like shelters, and closed, [. . .] generally unstable and with an appearance of temporariness, at times like references to mud and plank structures built by nomads or refugees, 'Third World' structures in their nature". The centrality of the shelter can be seen in the names of the works: Temporary Shelter (1986), Vulnerable Cover (1986), Immediate Resoluteness (1987), Out of Place (1988). These works do not bound the defined area in its entirety - and the implicit completion of the boundary lines by the viewer is interfered with by means of other lines, that burst into the bounded space, fragmenting it, or not combining into one circumscribing pattern. With the bursting of the bounded areas there is generally an exposing of the lower, inner sides of the planks out of which the work is made. This externalization of the work's "interior" as the other side of the external casing presents the inside of the work, its "heart", as an additional gaze at artificial making. The empty space produced with the bursting of the lines that bound the space in which the sculpture is erected endows the sculptures with an appearance of empty shells or sloughs that have become emptied of their interiority and left behind. This same impression of an abandoned structure is reinforced by the peeling and wounding of the material at the ends of the wooden planks (which look as if they have been hastily cut), the scratchings upon them, the as-it-were rickety construction of the sculptures, the avoidance of polishing them and the covering of part of the surface with a material resembling painted loam - in an action that calls to mind a hasty and panicked mending.

The "empty" sculptural works of Danziger, Ullman Fig. 15
and Gitlin have the appearance of traces and relics of organic materials. They disturb their present environment by their testimony about others who do not belong to the ecological balance, because they are not part of the present functional system of the environment and do not perish into it in the same way that organic materials do. This otherness somewhat resembles the repulsion one feels in the presence of carcasses - and it reappeared countless times in the work of Beuys, who used a variety of carcasses, skeletons and stuffings of animals (hare, prairie wolf) and organic materials (felt, fat, honey). Beuys' materials, in their otherness, have an oppressive effect on the present and in this way they send the viewer's consciousness on a voyage to cultures of the past (early Christianity, early pagan cultures), in which an intense vitality was registered by means of an alert consciousness. The relics of organic materials that Beuys uses are displayed in interim states, between geometric form and amorphosness, between solidity and fluidity (liquid, gas, fat), between organization according to a familiar ritual pattern and an action, the parts of which connect with each other in a vague or incomprehensible manner. The consiousness which wanders to the past order of these materials is not meant to settle in that past reality, but - like the shaman who goes to the land of the dead in

order to return to a reformed and better present reality - to bear its spiritual qualities further, on its journey to a utopian future.

Traces of pathologies, scars in the bodies

Images of traces manifested in figures of pathological bodies (bodies that provoke the memory of the past health or the healing possibility of the future) appear quite frequently in Israeli art of the last twenty years. Already in
Fig. 17 the Seventies Nahum Tevet structured his work with rows of objects that looked like modular white beds. Tevet was using here the Minimalist Aesthetic, but he shifted the neutral object of Minimalism, the "epistemological cube", into an image that partakes of the representation of sterile places: spaces (especially hospitals, according to the associative level of Tevet's works) that sterilize the individualistic definition of their participants. This theme was developed in later works that were done in the Eighties and the Nineties into the theme of Narcissus formulated as sculptural traps, Narcissism that was aroused by the Minimalist heritage as a pure tautological and epistemological act (an act that perpetually reproduces its return to the same appearance) was turned by Tevet's process into self reflective spaces embedded with pathological memories.

Since the middle of the Seventies, Gideon Gechtman has connected bodily exhibitionism with pathological themes and images. "Exposure", his video work done in 1975, and the photographic images produced from it followed up on the preparation for his own open-heart surgery. The documentation of those clinical procedures were added to images of objects that constitute the "sites" of
Fig. 18 the sick and the dead. Images of hospital beds, remnants of the human body (expecally hair shaven before an operation), test tubes that contain urine, boxes that hold medicines, are repeated continually in through the whole of Gechtman's career of the last twenty years, as if it had circled in a ritualistic rhythm, a reversion away from any evolutionary process. This repetoire of reproductive "clinical" images and objects is represented as being adjusted to mythical and historical images, mainly images of victims. The preparation for an operation has been represented as a kind of initiation ceremony - perhaps a ritual that prepares it's objects for a sarificial event. The naked body (before being operated) is exposed in a posture that recalls the image of Christ, or the sign of surrender. The brushes produced from the hair (represented as relics in boxes) of Gechtman and other members of his family remind - stand as memorial objects for - the materials made from Jewish bodies and used by the Nazis as part of their production mechanism. (Is that pseudo simulation of the persecuter's procedures a kind of pointing at a cooperation between him and his victim - a cooperation defined by Bataille as an absolute manifestation of desire?)

One of Gechtman's major images, reproduced while being decoratively varied was the artist's own obituary notice. Frequently it was published in the "natural sites" of obituary notices, printed in a newspaper, posted to trees and columns in the streets. The appearance of Gechtman's own obituary notice alongside his entire reproduction of clinical images not only places his work under the sign of death in other words, the sign of a realm that appears after death - but it also stamps it with the marks of a world that is constituted of sick bodies, traces of sick bodies, that haunt the "normal" world by their very appearance in it after their death. By emerging and re-emerging from their "death zone" those traces of sickness are designed to disturb our "normal" consciousness, to infect it with the awarness of "pathological" spaces and situations. The "memorials" of sickness that Gechtman has produced are assimilated in the world of Simulacra. Thus, he not only thematizes the "dead existence" of Simulacra but he also points to illness being codified in it.

Gideon Gechtman evokes the image of his own sick Fig. 19
body as part of the image of the other members of his family. The image of the pathological core of the family, the tribal framework, appears also in the work of Tamar Getter. In one of her major works done in the Seventies, *A Letter to Joseph Beuys* (1974) Getter speaks to Beuys by Fig. 20
telling him her biography in three fictional versions. Even though they differ from each other, Getter describes herself in those biographies as being a descendant of pathological ancestor. For example, in one of the versions she speaks of her mad Russian grandfather, while in the other version she writes about herself as being a radiation victim of the Atomic Bombing in Japan. Above that text, as part of her letter, Getter places a photograph of her own image covered with a blanket. Thus she refers to the felt wrappers that reappeared in the work of Beuys, as well as to the major place of those wrappers in the mythological autobiography of Beuys, his being saved and healed by Tatar nomads who smeared him with fat and wrapped him in felt. Through

this photographic image and by telling her biography in a "Rashomon" semiotic, a syntax that thematizes the fictional and the "collage" structure of the life story, Getter declares that she builds her chronology (her identity) in a "parasitic" way, according to, and in adjustment to other chronologies. Furthermore, Getter not only tells Beuys her life story in his terms but she chooses to "steal" from him some of his identifications that are concerned with risks, disasters, victims, wounded bodies, death refugees and no-man lands. Through this strategy Getter increases the thematization of her being deprived from any belonging to a stable territory: geographical and historical, as well as genealogical. On the other hand, through this strategy she equates her own characteristics (her own non-characteristics) as a woman and as one that lives in a peripheral culture (and a peripheral art field) to those of a man (and somebody that has largely dealt with masculine and paternalistic structures in society) and a person that lives in the centers of the modernist cultures, and actually constitutes them. As a reference to Getter's act of equating (or pseudo-equating) herself and Beuys' self identifications, being deprived of any institutionalized identity (being under a "coma", refugee, nomad, tenant of a deserted steppe) it is worth while mentioning the feeling of "brotherhood" and almost omniparity that characterizes, according to Victor Turner, persons who live on the "borderline", in "liminal-states".

Yet, by her very adjustment to the fictional data of Beuys' biography Getter not only refers to situations of sickness and exile but also refers to possibilities of rescue and curing that were thematized in his work. In her "A Letter to Joseph Beuys" she confronts her biological ancestor with whom she chooses (and the act of choosing is very important here) as her "cultural persona". The "biological ancestor" is described as infected by sickness, the chosen "cultural persona" uniquely holds the option to be cured - the option of redemption (a Christian idea).

The confrontation of foreign, imported images and cultural structures, those that belong to the textual "field" of her trade (art) "with local ones which belong to her genealogical" points of reference (the private as well as the collective ones) continues to occupy Getter's paintings since
Fig. 21 the Eighties. Even in her latest paintings Getter continues to use artistic images brought from afar, saturated with historical references - actually, saturated with the transference of the art-works of the past into a mythology. Yet, she continues to refer to those works of historical "tycoons" that exist on the borderlines of their "textual field". When in an early work, "The Ideal City and Tel-Hai Yard" (1977) she refers to Piero della Francesca she does so by quoting a work (The Ideal City) which is only questionably his. Later on, in a work such as "Dürer's Trousers" (1989) when she turns to Dürer, she chooses a work (A Vision in a Dream from 1526) that evokes a catastrophic hallucination. Those "borderline" cases of the art-historical reservoir are confronted, even here, with "liminal" cases of the Israeli society. For example, the image taken from Dürers work, mentioned above, is placed beside one of the image of the recruits - a major theme in Getter's work of the latest years. The image of the recruit - those young Israeli draftees who participate in a "collective" state, stands simultaneously as an "initiation ceremony into the army's order as well as a "transitory state" between being citizens and soldiers. They are painted from photographic images found by Getter in a sack that was lost by someone. Getter paints the images of their faces while at the same time blurring the facial contours. By this strategy she thematizes their "liminal identification" as well as their being codified according to a major characteristic of the photographic medium, that presents its images as, according to Roland Barthes, "something that already was".

The theme of the passage from the civilian into the military life also occuppies the work of Barry Frydlander. Fig. 22, 23
He photographs the recruits during their first day in the army - actually photographing their communal rituals, such as obtaining uniforms, which serve as "passage rituals" from their private previous identities to one that defines them only as members and performers within a certain group.

The recruits series is actually only part of the images that evidence Frydlander's interest in "passage-events" and "passage-spaces" which constitute the Israeli cultural topography. He photographs entrances to old houses in Tel-Aviv. He glances through his camera, capturing some views of youth that are coming in groups, always in groups, on the weekends, from the suburbs of Tel-Aviv to its center. In the city's entertaiment-sites (mainly in certain parks and clubs) Frydlander gazes at the "passage-rite" of the suburbs youth passage from the status of belonging to periphery to their one-night pseudo-membership in the center. As he photographes the recruites in the "Receiving-Center" that was institutionalized for their, and only for their, "passage-rites", so he photographes the suburban youth mainly in places which have liminal-status and yet can be their and only their "passage-site". He photographs them, in certain entertainment-places in the City's center that are "graded" as spaces that are occupied mainly by people from the suburbs. There, in the sites of the passage rites of the country, Frydlander photographs his images with a "flash", thus blurring their line and thematizing through the photographic mechanism itself the loss of identity (i. e. their becoming "victims") as well as the characteristic of photography to evoke ghostly images (Roland Barthes).

The major part of the works done in the years 1985-93 by Daniel Sack, artist of the younger generation, belong to that trend that has to do with "necrography" (termed by Lacan as the appearance of the "object of the Gaze"). For the last several years he has cast plastic images of fetuses, embryonic and post-mortem remains (manly human) frozen in their organic development - fossilized. By casting them in plastic materials those images of "prehuman bodies" and "post-human bodies" are understood as figures that will never (or never again) penetrate into the circle of life. Furthermore, the act of plasticization expels them from any organic order and codification of organic figures. Those traces of organic beings are deprived of the right of resurrection in the "natural world" - figures never to be incarnated are, frequently transposed into perverse and lustful images. In other words the signs of the pre-symbolic order (in Lacan's terms) are combined with strong manifestations of lustful and obscene desires. Yet, according to Sack's works, those orgiastic and obscene bodies reveal themselves only on the "zone" that is inhabited by traces of plasticized (organic) bodies that will never enter, or actually had never been, in any organic order. The borderlines, the entrance and exit gates, to the world of life are imagined here only in terms of the world of Simulacra (sometimes connected in Sack's works with terms taken from decorative formulations) which is marked by signs of perversion, mutations and pornography.

Fig. 24

Fig. 25

The works of most of the artists mentioned in this chapter are characterized by the contradiction between what is registered in the consciousness as an intense physical presence and the softening of this presence as a consequence of an interdisciplinary reading, in the course of which the members of the work are perceived as ethnographic data about "past" knowledge. The fragmentary and amorphous existence of materials and forms in the works, as an intermediary stage in their process of becoming, also distrubs the registering in the consciousness of their materiality and facticity as a presence. As an outcome of the reading of the materials, forms, signs and actions, as a movement of transformation between "past" and "future", the presence of the "present" becomes signified as a black hole.

Those works constitute a distinctive example of one of the characteristics of our time, which Mark Taylor defines as "the problem of presence". This problem lies at the basis of two other concepts that are occupying the contemporary discourse: Post-Modernism and *difference*. "Modernism. Postmodernism. What is the difference? The difference might involve the question of difference itself. The question of difference, however, is inseparable from the question of presence or, more precisely, the question of the possibility or impossibility of presence. To interrogate presence is to question both space and time. To think difference - the difference that marks the margin between modernism and postmodernism, it is necessary to refigure space by imagining time without presence".

Race in the city, traces of its territorialization

Arie Aroch was a major source of influence to later younger artists that structured their works as trace - marks and painterly signs that are understood as a visual text. In a way Aroch thematized his occupation with "indexical phenomena" by evoking images of vehicles (that their dynamism dims their presence, blur perception of them in the framework of defined borders and signifies their place as a space that is about to turn rapidly into a site marked in their traces) and places like the Jerusalem's neighbourhood "Hundred Gates" (as mentioned before a most orthodox neighbourhood that is formulated only according to the traces of the low of the Getto). In one of his major works done already in the Sixties *Agrippas Street* (1964). Aroch relates to Jerusalem as a city that loses its "centers" and moves towards its border. When the street-sign "Agrippas Street" is placed as a title above the painterly components of the work, it as it were restifics that the entire work is analogous to a topographic marker. The street-sign, which signifies an area or means of orientation in an urban settlement, turns a neutral site into a place that bears an identity and a meaning through a naming and an evocation of a memory from the past - Agrippas, who ruled in

Fig. 26

Jerusalem in the years 41-42 was infected with foreign blood, with genes of another culture and with a political stance that extremely blurred the boundaries between the conception of his kingdom as sovereign and its presentation as a protectorate of the Roman empire and culture. Agrippas was the last Jewish ruler to reign in Jerusalem before the Great Revolt, which led to the destruction of the Second Temple and the Exile. Aroch's *Agrippas Street* marks Jerusalem as a place of memory of a moment before the destruction, a moment before the wanderings of the Exile, a moment before Jerusalem lost its role as the center of a defined territory.

Aroch destinguishes Jerusalem with pre-Exilic signs, infection with foreign blood, while "forgetting" the city's more stable states. The avoidance of characterizing its identity by means of mythic or ontic "depth" involves a neglecting of memory, which attaches the concept of identity to an anchoring object - to a "place" or genealogical dynasty (the ancestral home).

In the part done in Israel over the past 20 years
Fig. 27 (Yitzhak Danziger, Moshe Gershuni, Micha Ullman, Pinchas Cohen Gan, Tamar Getter, Nurit David, Haim Maor, Moshe Ninio) there is a visible orientation that preserves or examines the affinity to German art - a fascinating subject in itself and one that is fundamental for a description of the culture of this country. It is possible that the particular interest that Israeli art displays in German culture, as well as the similarity between the themes, images and styles in use in both cultures, are connected to the hightened sensitivity of both cultures to those critical historical events that undermined the patterns of society and knowledge (theology, rationalism) of Western humanism and left them as traces empty of contents that had been cultivated over centuries.

Themes and cultural patterns connected with the Holocaust - works of literature and poetry, ritual objects, architectonic structures (mythical, like Anselm Kiefer's *Germanys Spiritual Heroes*, 1973), or actual, like Auschwitz in the work of Haim Maor, are treated obsessively in both German art (especially in the works of Kiefer) and Israeli art. Not only concrete topics connected with the Holocaust are common to the two art fields, but also psycho-social stances which link together the personae of the victim and his executioner: following Paul Celan, Kiefer sees Shulamit (the beloved of the Jewish victim) as a parallel and echo of Margarete (the beloved of the German trooper); while Moshe Gershuni builds a rectangular composition with four used food-plates, with "Justice shall go before him" (from the Jewish funeral rites) written on two of them, while the other two are marked with swastikas - signs of death, indexes of a culture that eliminated life, as well as of a culture that is no longer apprehended as existing, but as discarded. Indeed, these two art fields abound with elements of "death language": rites, tombstones, memorial sites, mausoleums and graves.

The attraction that both cultures, the German and the Israeli, feel for motifs of death-motifs which are processed manually, subjectively and intensely, and are conscious of their own baroque mannerism - may reflect a shared historical anomaly; in both cultures there occurred a distortion of some kind in the historical processes that continued the Romanticism and the nationalism of the 19th century. German culture - in the course of the social and economic crisis of the aftermath of World War 1 - extremized those 19th-century cultural orientations to the point of deviancy; Israeli culture - which has its beginnings in Zionist nationalism, while its continuation involves the terrible rupture of the Holocaust - preserves that European Romanticism as an anachronistic and provincial outpost, an outpost of exterritoriality and exchronicality. Many works by German and Israeli artists that deal with the motif of death, especially on the background of the present century's monstrous ideologies, do not take a stance, or treat the topic in a factual tone, by means of quasi-documentary references to its mass occurrences. This avoidance makes possible an egress from the mental place that is connected with a particular identity, an exit from the historical situation, avoidance of the humanistic rationalism at the basis of moral judgement, and adoption of states of consciousness that are "beyond good and evil".

In this spirit it is possible to describe the work of Moshe Gershuni as a necrography of the culture of the Diaspora. In the works he has made in recent years there are scattered signs of tombstones, cypresses (which signify the borderlines of cemeteries), relics of synagogues in the Diaspora (Budapest, 1987), quotations from funeral and burial rites, question sentences like "and where are all the Jews?", or broken sentences in Yiddish - "tayere kinder ich hob farg. . ." ("dear children I have forg[otten]"). These signify traces of a paternal home, fragmented traces of memory which suddenly emerge out of oblivion.

Gershuni's quasi-expressionistic touches are eroded or erased in the course of their encounter with the canvas or the paper, and thus appear like traces of expressionistic painterly touches; these are not touches that actualize a painterly fullness, an embodiment of an inner, extra-linguistic motive, but traces that signify the absence of such a motive, and are located outside the territory of painterly fullness. They thus reveal the parasitism of Gershuni's painterly act, which leans upon the traits of that system of painting; and at the same time they appeal against that system's right to be presenced. A work of this kind extracts itself too from the entire cultural field which grasps its made forms as an embodiment of a whole and unitive organic structure. But precisely traccs of painting from this Christian cultural field, precisely the signs of its otherness and of its transferral from that field, constitute for Gershuni a field of action upon which he sketches traces of the Jewish culture. The result is a kind of no-man's-land, in which are scattered Jewish textual traces beside Christian traces of an expressive "world".

In the dark of night, Ido Bar-El, a young artist, searches for the remnants that can not be "focused" any more a memory of certain identified persons. In streets, municipal garbage areas, and vacated houses, he turns to domestic objects and parts of objects which no longer are or never again will be "domestic". His work is structured as a ferreting, a wandering, a gleaning, a pointing to - and pauses in the face of - remnants of the eschatological and scatological dimension of the city's objects, he seeks for worlds that have been left behind.

Fig. 28 In those sites Bar-El finds suitcases, cabinets of different kinds, drawers, buffets, sides of beds, like a collector of secrets and desires that have been flung into oblivion (thrown out from the environment's object-memory); he gathers objects intended to be closed and locked up, objects which stored and hid desires but also compressed and caged them. Bar-El seeks all these at "the last edge" of any dramatic dimension they might have, in their deterioration into mere objects, of the kind that would certainly be forgotten from our consciousness were we to be asked for an inventory of our domestic objects.

Fig. 29 Covering the sides of hollow objects with paint is also an act that sharpens the representation of the object as its own shell. But to the same extent this act of covering also identifies the object's "shell", its "last chance", as the life-zone of painting. Bar-El makes painting appear as a screen that appears on and after the end of another object, a "curtain" that appears after "the curtain is brought down" on another object. But the act of covering the surface of hollow objects with paint also designates within itself the difference between the "screen" or "shell" that represents every object and the "screen" that makes the painting real; this is the difference between the "shell" of the object (its representation), which the eye will pass by without pausing, and the "screen" of the painting, which will stop the eye with its presence.

The conversion of the "shell" of an empty object into a painting is not only a thematization of the awareness of painting in its relation to all the other representations in the world, but is also like a representation of an act done in the service of this object - an act that demands the halting of the eye opposite what in the "normal" way (because it has been taken out of the world's order) the eye is blind to. Furthermore, in addition to restoring ungazed-on things to the realm of visibility, Bar-El goes on to turn another little flashlight towards little worlds that have been left behind. On small surfaces he paints-marks-imprints small signs of objects, implements, machines or knowledge-systems (mechanics, technology) taken from our contemporary "sites" of objects, languages, and formulations of knowledge. Bar-El: "In the era of quanta I paint the mechanics of Newton". The signs of the "writing" and the objects of the "mechanics of Newton" are drawn here with lines and brush-strokes that look like traces of lines and of brush-strokes, and thus also look like ghost signs, like signs of transparent ghost-objects.

The act of making the signs of these ghost-objects perceptible by means of painting also identifies the painterly act with species of "mirror-images", photographic images or "indexes" (in the semiotic sense). The hybridizing, in one artistic object, of a painterly designation of a ghost-object, a painting that looks like a screen, and a fragment of a real derelict object, is like a thematization of the inter-relations between a painting, a photograph and a "found object".

Tracing of the No-mans-Land

Aroch and Bar-El exemplify two poles (in the chronology of Israeli Art) of the painterly process that is continued through the traces of the urban objects. Moshe Kupferman stands in the Israeli art-scene as an artistic process that returns continually to work on the same marking and the same erasing of the traces of no-one and no-place. Kupferman's signs are the traces of nothing, or the traces of their own (traces of the traces of nothing).

Fig. 30, 31 In Kupferman the annihilated landscape is compressed into a kind of alphabet of the language of painting-patches of color, vertical and horizontal lines, a "grid" that signifies the structure of the base, building itself and the space of the work and erasing them simultaneously. The way units of structure and text vanish in his work is also expressed in the separations between the grids of lines, which are drawn as if they were unraveling or patching each other, together they look like a "screeny" network that reveals and conceals itself at the same time. The traces are exposed here as a "screen" (of the language, of the "grid" of the language of painting) as well as those "ghostly signs" concealed behind it.

Many of Nurit David's works of the recent years are interspersed with signs and images that are imprinted under the surface of a compressed layer of pigment. These patterned forms, which have many traces of footmarks between them, are spread across the entire surface of the picture, as if sketching axes of movement and structure upon it - but they also look like tatooed inscriptions, which
Fig. 32 cannot be hidden or smoothed away beneath it. Networks of lines outlined with lines, images and word forms, scattered after one another like way-signs, interweave over the entire area of the pictures and endow them, at first glance, with the appearance of track-maps. But in reality this is a mapping that trips up the mind when it tries to clarify, organize, and make a way for itself to the whole; any attempt the eye makes to move inside her maps of words and to follow the direction of the paths finds that they start out from nowhere and lead to nowhere. The paths are generally spread across the entire surface of the works and are turned towards the margins - and in this way they evict the gaze from the center. This is an additional means that Nurit David uses to empty the center and to concretize the paths of lines as traces that attest to its absence.

Fig. 33 The pigment covering under which David's paths of lines, words and images are imprinted, resembles streched skin, like after embalming or stuffing, that like a screen seals off any possibility of penetration to what is beneath it or behind it. The code (the inner vitality and the mechanism that activates it) which may reveal itself inside the "skin" is like a taboo - perhaps because it is a ficition created by means of an artificial and "dead" datum. Everything connected with references to nature (most recently, painted images of trees) is drawn as images that are seen through distant peepholes; everything connected with biographic growth (for example the sheaves of straw which she says, refer to the Feast of Weeks festivities of her childhood) is petrified into patterned forms, visual words, that are engraved under that layer of dry pigment. Verbal and formal images of distance are reliefed under the layer of paint like letters on tombstones, like stylized traces of what no longer is, though one cannot escape from its signs. This tombstone writing turns us to those distances that seem so real, and attests that there is no reality in them, that they exist only out of and on top of the hollow surface of the language of writing and the language of visual art. In Nurit David's works this "language" takes on the meaning of a bank, a border, a skin - a place of meeting and confrontation with the external world, the world of the cultural discourse of the "paternal home". The art object too brings about a meeting of the viewer with the inner world attributed to it and its maker, a world that is said to remember an intimate and singular conversation with the "father": a tombstone too is a "border", one that brings about a confrontation between a private memory and cultural forms of memorializing the dead.

Several of the works that have been mentioned so far signify themselves as traces of systems that are distant in place and in time. But they also present that distance and those places as a fiction created by their own language. Similarly, their extremization of actual distances is connected to a loss of a hold on a past and on an actual identity, a loss of biography and of continuous historical memory.

Voyages from the Territory

A major route that points from to the territory outwards was marked by some Israeli artists that formalized their works as a voyage. The courses (physical and conceptual) left by those voyages can be marked as trace that leads to the extra-territorialities, as well as traces that mark the Land as an ex-territory. This artistic trend was also stimulated by acts that were formulated in the international Artfield.

The diverse kinds of voyages of Western culture, with their associated mythologies - of a future, of a past, of a future that is becoming a past - have left a profound mark on the chronicles of modern art. Its fascinating voyage to "primitive" cultures (and also to periods of the more recent past that have acquired a mythological character) is linked to the voyages of discovery that the culture has conducted in foreign fields. The mythology of Western voyaging finds its most palpable expression in the concrete works produced on the site itself, in the Earth Art of the '60s and '70s, which were designed in part for viewers who were identified as part of a communal framework, with a clear reference to tribal cultures. Ironically, in these contemporary environmental works - in which there is a distinct attempt at analogy to tribal environmental sites, and which set themselves the challenge of activity in a holistic-communal context - the inability to meet this challenge, and the disconnectedness from the cultural tissues represented as their referents, are more strongly emphasized.

This disconnectedness may be grasped as a permanent condition or as a transition stage - a boundary situation in an initiation rite, as part of a process that leads to a reknitting of the tribal tissue in the future. The fact that major works of Earth Art were executed in out-of-the-way deserts (which is apparent in the works of Robert Smithson) takes on a particular significance here: a correspondence is created between the "conceptual location" of these works and their physical location in deserts, places where during the course of history marginal characters have roamed: outcasts, deportees, criminals, nomads, hermits, recluses and members of esoteric sects.

The lines marked by Richard Long or Walter de Maria in desert lands, or a work like Carl André's *Secant* (1977), do not bound territories, they merely draw a line in the landscape - a meaningless border, of no place, or a way with no beginning and no goal, a tautological way. The marking of way-lines or transition points in an uninhabited landscape - as Richard Long does it - is also evidence of the abandonment of the place, perhaps as a sign of inability to live there. Long also shifts twigs and stones that he has collected on his voyages to distant urban display-spaces - in a way that abolishes any affinity with the place of the voyage.

These are strictly formalistic approaches to the Romantic voyages of discovery, and emphasize mainly the abandonment of the power centers of Western society. The demolition of the goal that the Romantic culture set for its voyages is also a proposal to contemplate those voyages through a different lens: with a sober and conscious, reflective and retrospective gaze at the background of hundreds of years of colonialism, which prided themselves for introducing an enlightened order into savage landscapes, into areas of ignorance, or foreign cultures; under this pretension those cultures were exploited to serve the needs of Western civilization - not only economic but also mental needs, like for example the stratification and enrichment of Western man's identity and the implementation of Western ethnocentric humanism. The American earth artists - like Richard Fleischner, Charles Simonds, and especially Smithson - expressed the tension between primordial landscapes and the wounding of them by bulldozers, the monsters of technology - the "dinosaurs", as Smithson called them. The journey to the expanses that Romanticism conceived as the embodiment of freshness, purity, and vast dimensions, is accompanied by the smog of technological culture, and by a sober awareness of the disparities that technology and politics create between nature and the Romantic conception of it. This kind of reflective gaze at the Romantic voyage, which severs it from the idea-system in which it was created, is a logical outcome of the critical stance taken by many of the earth artists (as part of a prevalent orientation in Conceptual Art) towards the manipulativeness of ruling institutions and power mechanisms (mainly capitalistic) of the Western economy and society, as well as towards the concept of the subject in general and the way it is activated in cultural creations.

Many of the "earth artists" related to the values of Romanticism - after these had been appropriated by the bourgeoisie - as superfluous relics that had to be got rid of. Yet the fantasy halo of the romantic voyage is still preserved on the horizon of their awareness of the manipulations performed with it. The non-emplacement in a territory, as well as the lack of any intentionality directed towards a territorial goal, still cast anchor in a regard for cultural territory. Such an anchor is absent from the patterns of voyage in Israeli art. The voyage activities carried out by Israeli artists in the '70s also did not span vast and infinite distances; the supreme archetype of territory, the cosmic dimension that manifests itself in mighty expanses of nature, does not attract Israeli art to itself with bands of belonging or rebellion. In most of the traces that Israeli artists have left of the voyages they have conducted since the '50s - in drawings, in objects, in photographs and in travel journals - the range of the horizon and the perspective are small and the landscapes function as information data or as conceptual units. Even when there are romantic or fictitious characteristics in these voyages - as in those Tumarkin made, and certainly in Ezra Orion's voyage to the Himalaya - they lack a metaphysical motivation of the kind that inspired the Romantic movement. They also don't look soberly and reflectively at that intention, by relating to how it is manipulated by political and economic mechanisms (mainly tourism). The Israeli artists do not travel as protagonists or antagonists of a given cultural system, but as individuals in quest of identity. This examination of identity is not conducted in relation to systems possessing a norm of distinctive definition, but on the background of an open system which collects external manifestations of political circumstances, or in relation to communications signals that move across continents and are accepted as "international".

These voyages are nourished mainly by the adoption of norms of the language and the gestures of foreign patterns of travel which express a yearning for an "other" place - a place veiled in exotic charm because it is identified as such by the gaze of the Western cultural centers. Israeli artists who have worked with an affinity to Conceptual Art and Earth Art have related mostly to the actual pattern of voyage created in these genres - a pattern that takes in the identity of the homeless - which they have then grafted onto occasional elements from the local repertoire of phenomena of nomadism and refugee life. This homing-in on patterns of voyage that were created outside the field of Israeli art may appear like a borrowing of models from cultural centers in accordance with the needs of the minor culture that makes use of them, and an adaptation of them to the typical anthropological phenomena of nomadism in the local mythology and reality. The grafting of the imported patterns of voyage onto anthropological phenomena with an identity that is dubious and under examination, and a territorial and historical context that is not self-evident, can be understood as not merely an act of borrowing and adaptation: it sharpens the dissociated identity of the local data that are connected with refugees and nomadism, by depriving them of the possibility of shaping themselves by a process that is organic to them - and alternatively it points up the incapacity of the foreign patterns to become domesticated in a field foreign to them, into which they have been cast. The fallacy in the adaptation of models of the center and the periphery - their existence as elements and patterns that incessantly elude and flow away from each other - is thus taken to an extreme when voyage patterns are cast upon phenomena of voyaging and wandering that are foreign to them, and points up the fundamental impossibility of stitching the diverse language factors into one homogeneous territory, as well as the nomadic aspect of language.

The conceptual projects that Pinchas Cohen Gan executed in the '70s interwove acts of voyaging and wandering with acts that articulate a refugee identity. The voyages that Cohen Gan conducted during those years were motivated by a sense of refugeehood and a persistent awareness of the rupture he identifies in the places he passes through. The names he gave to his exhibitions, like "Abyss-Painting: from Steve Augustin to the Prophets" (1982), "Sweet Poison: Light-Sensitive Paintings" (1982), or the name of a work like *Escape from New York* (1982) - may illustrate the manner in which Cohen Gan chooses to make declarations about the "abyss" that exists everywhere.

Cohen Gan himself defines his sense of separation from his environment as a mark of his identity and as a principal motivation for most of his works. In 1972, after hanging 22 etchings over the feeding troughs of cows in the cowshed of Kibbutz Nirim, Cohen Gan wrote that this exhibition "sought to show that it is possible to have an exhibition as an attempt to create a sense of alienation in myself and its viewers both".

Most of the voyages Cohen Gan has conducted are accompanied by a sense of being foreign to the place they set out from, a consciousness of questions of identity, and a desire to arrive at a redefinition of it in the course of the travels. They turn into a kind of initiation rites, which are associated with every change of place, condition, social status and age - as formulated by the anthropologist Victor Turner (who based his work on a previous model by Arnold Von Gennep). The latter showed how all transition rites are characterized by three stages: separation, liminality, and reaggregation. But Cohen Gan's voyages of initiation do not give birth to a new type identified with a cultural structure or a distinctive personality. Each voyage of this kind concludes with the acknowledgment that he belongs only formally to the place from which he set out, Israel. On his return from his voyage to Los Angeles, Cohen Gan wrote: "When I returned I sensed to the full the meaning of return to one's natural environment. Today I say: a natural environment is a relative concept, a relative homeland, a relative home". This sense of the arbitrariness of his being in this country has led to the mounting of projects that define his identity as a refugee. The transition from an "immigrant" identity to a "refugee" one is emphasized in *The Dead Sea Project* (1972). In this conceptual activity, Cohen Gan connected polyethylene sleeves to a spring in the vicinity of Ein Rouad, and they floated on the surface of the Dead Sea with sweet water and live fish in them. In his work log Cohen Gan likened the project to "the mass migration from various countries of origin to Israel".

Fig. 34

From the Dead Sea, Cohen Gan moved to the desert of frost. *The Alaska Project* (1973) is described in his journal as "an environment where everything is different, the converse of your own environment. To travel from one edge to another and to reach the edge of yourself, the edge of geography". The journey from edge to edge is like a voyage from one experience of territorial bounding (identity) to another. This is in contrast to a journey taken to an edge or a border out of a concrete or assumed knowledge of territorial centers - a voyage the aim of which is to sense more intensely the maximal delimiting force of the center, which distinguishes and differentiates it from everything outside it. The journey to the edge from a center intensifies the identity and redefines it, while the journey from edge to edge diminishes the contact with the definition of identity and grasps at the last edge of the attempt to locate it.

After the Yom Kippur War in 1973, Cohen Gan's activities began to have a much more directly political character - together with more blatant expression of his refugee feeling, the instability of his emplacement in Israel (also as a social metaphor), and of his border situation. In *Touching the Border* (1974) four Israeli citizens traveled in the directions of the State's four borders. They marked the places where they were stopped by the army, and at those points they buried lead bars, on which demographic information, from military intelligence reports that had been cited in the local press, was imprinted. As in *The Alaska Project*, and this time in a physical action and not only in a journal description, the voyage to the border blurs its focal point; here too it stretches between a border that is charged with contexts of tension and danger (a border with an enemy country) - and another border like it, and here too there is a reversal of the roles of the political border and of the points where the voyage was halted at its conclusion - which bound the voyage and the territory marked in its course.

In *Jericho Refugee Camp* (1974) Cohen Gan related to the refugee condition in the most direct and concrete manner. He traveled to a refugee camp in the Jericho area, near the Hisham palace, where he and his companions talked with refugees from the camp about Israel in the year 2000, and then built a temporary shelter in the place. In building this temporary shelter in the refugee camp he identifies his own home with the refugees' dwellings. Through these declarations of identity, the national difference between the refugees becomes secondary. The only identity that is common to all the participants in the activity - the refugees, the artist, his companions, and the collective to which he belongs - is that of refugee. In his log Cohen Gan wrote: "This activity had been growing in me over recent years and took form only now, precisely after the war. The problem was to give expression to the feelings of a person who is in a condition of perpetual refugeehood".

After the Yom Kippur War, Cohen Gan began reproducing and transferring activities that had been performed in a local context to more general and less defined dimensions. In *South Africa, Cap of Good Hope* (1971), Cohen Gan transferred the *Dead Sea Project* from "a regional context to an inter-regional context", using an aerial viewpoint, like that of a foreign tourist, to examine "the new place of the Dead Sea on the world's surface (in relation to the Syrian-African Rift)".

The *Dead Sea Project* had proposed possibilities of existence in a hostile environment. The activity that reproduced it, *South Africa, Cape of Good Hope*, connects that non-acclimatization in the local environment of Israel with the less specific identity of a wandering persona, dissociated from land (he travels by plane), who gets designated in relation to an ancient form of rift.

The image of the "wanderer" continues to appear in the works of Cohen Gan that were done since the '80s. The Cohen Gan figure is depicted in resolute action, with many of its movements connected to transition (walking, running). It seems that its existence as a phenomenon involves three principal stages: its reduplication; the dispersal of its duplicates in the bounds of the large color works or throughout the long series, and its activation in postures and gestures of motion. The repetition of postures of motion foregrounds the fact that the figure is being activated by secret forces - but also operates as a kind of drill and accumulation of conditions of motion, as an examination of Fig. 35

the possibility of creating a mechanistic basis for activation of the figure.

Cohen Gan applies a painterly strategy of this kind to signs from Eastern and Western culture that appear in many of his works. These, like "indexes" of other cultures in his works, are marked beside each other, but are not allowed to touch or join each other in any way. In his latest works, which are called "Migration" (1990), he applies his characteristic painterliness to another historical and conceptual intersection: early pre-ecclesiastical Christianity where, for a brief instant, the Jewish and the Christian cultures met.

Images of the, mainly conceptual or imaginary voyages, are still appearing in the art that is created by the Israeli artists of the younger generation. In her works done in the last two years, Sigal Primor uses images of troops that
Fig. 36 were sent to explore Antarctica, as part of her "hybridizations" (in a conceptual way) between Marcel Duchamp, Joseph Beuys and Alfred Hichcock. The conceptual voyages (done as a following of a "mythological" scientific adventure) to Antarctica another frozen desert, serve Primor as "vehicles" to her huge laboratory, that is thematized by her as Antarctica. By referring to Antarctica not only as the object of the research, but also as the laboratory, the toll that is used for this research, Primor is actually using the methodology of the Reflective Anthropology that defines its field as a continuous "voyage" between its tools and its objects (the objects of its research) that reflect its tools.

Antarctica is not only a "laboratory" that was moved afar from Primor's cultural "field", but it is also a "frozen site". Primor thematizes Antarctica as the site of the "frozen sperm". While the laboratories of the institutional science (the Sperm-Banks) contain the sperm for sake of fertilization, Primor in her own laboratory - the laboratory of the feminine being - declares the freezing of the sperm: the freezing of its possibilities to fulfil itself in the process of the fertilization. Her subversive act against the "masculine sperm" is continuing by the way she refers to two of major "spokesmen" in the contemporary art: Duchamp who thematized his work as the art of a bachelor and Beuys who thematized his process as a voyage of a hunter. Primor "projects" the sperm that is ejaculated through the bachelors masturbation in Duchamp's *The Large Glass*, to the "Frozen Desert" that was used as the starting-point and the conceptual arena of Beuys. Primor not only manipulates one man against his fellow, but she does so by pretending to get their permission for it. Was not Duchamp dealing with castration and "tautological ejaculation"? Did not Beuys present again and again the traces - i. e. the end - of the hunter's culture that was manifested in the *Frozen Desert?*

A photograph of a television photograph, in which one sees a ship leaving the shore (a frequent mythical motif in Romanticism) served as a point of departure for all the works in the *Sea States* series (1978-84) by Moshe Ninio. (By the way, the scene was taken from the Egyptian television version of Shakespeare's play *Othello.*) The caption accompanying the photographed scene, "In case of unexpected disaster", is preserved in the early works of the *Sea States* series, and signifies a fear of danger or a warning against possible damage to the continuity of a given world order. It contains a kind of verbal thematization of ideas of theoreticians like Allen S. Weiss or Roland Barthes, who finds in every photograph a return of the dead.

The spaces of the works in the *Sea States* group are crossed by a diagonal form with a structure that at first sight appears simple but eludes definition. It looks like a heavy shadow of an amorphous, inchoate form, evaporating and eluding one's sight, or like a kind of ponderous projection of a celestial body. In fact, the form was produced by enlargement of a fragment of the television photograph. The wake of ripples left by the ship is a by-product, an index of a different factor. In this indexicality the image of the wake is analogous to the character of the photographic medium, by means of which it is revealed.

In one of the works of *Sea States* the word "EXIT" Fig. 37
stands out on the background of a dark and empty space, in which one can perhaps identify an abstract form resembling a wave a ship might leave. Through the metonymic connection of the inscription "EXIT" to emergency exits in public places, the form of the wave beside it also carries meanings connected with disaster.

Freud describes the connection between verbal and visual images in the broader context of a magical act. The giving of a name to a phenomenon that eludes any attempt to register it is a kind of act of hunting - of grasping the phenomenon as well as all the feelings of dread that arise in the face of the inconceivable. The act of naming is a moment of transition to language, and also the initiation of a new identity. The name "EXIT" and the image of the wave, as indexes of fire and water, may also connect to the initiation of a new space - after a purifying element, like water or fire, has washed and burned it clean. But the presence of the wave form in the same space, as a left-over and a border of disappearance of the initiating force, signifies the incompletion of the process and its remaining at a borderline transition stage - a situation of uncertainty, non-belonging and lack of identity.

While the "Sea State" are connected to the water the image of the aircraft, a central one in Moshe Ninio's work, is connected with fire. The helicopter, a recurring image in his works since 1977, was photographed at random from a television screen, from a report in which a helicopter was seen rescuing people from a burning building. The first identification of this image of an aircraft was made in a
Fig. 38 situation of disaster and a possibility of rescue. In *Avodat Ach* (1977-88) which concentrates his treatments of this image, Ninio places upon a wooden structure two pairs of steel plates, on each of which there is a perpendicular image of a helicopter. The wooden structure - a substitute for a domestic fireplace which is not present, or an allusion to the fire that exists in the home as a secret agent of a "campfire" - imbues the objects upon it with a representative status. The fixating of images of helicopters in this work, as mirage images in the center of each plate, gives the image a borderline status, between an index and an icon - an index that focusses in order to point once more at its indexical identity, and an icon that points to its birth out of an index, from a sign of memory into something that once was and has disappeared. A sign that was conceptualized at the beginning of the work-process as a possible rescue becomes, while being processed by the registering consciousness, a sign of a post-mortem, of after a disaster: a language which remains after death, purification by fire, apocalypse. The transformation of the image of the helicopter into a textual sign is also made concrete through its being imprinted on plates which are laid on a "table" like two printing blocks or the cover of a book spread open for display. The conceiving of these plates as instruments of transition between different and foreign languages and linguistic structures is also expressed by the fact that each pair of plates is connected with hinges, to make it appear possible to fold them and carry them to another place.

Avodat Ach is designed for portability. On the metal plates, which resemble a book cover, is imprinted a sign of an aircraft (a helicopter) which also serves as a war machine. This distinctive cluster also characterizes the Ark of the Covenant, which, as Martin Buber describes it, is: "Indeed the greatest of all holy objects created by the 'nomadic faith'... there is to be found in it all the incentive and motive force of the holy adventure, all its symbol-begetting power.... It guides the wandering and the battle (here both are still absolutely interconnected the one with the other);... and the activity of the revealer, whose revelation, once it had taken place, ... must remain carved on stone or written on a scroll. At the same time even this characteristically is not attached to a place: ... but is by nature mobile". A perception of *Fireplace Work* as a possible simulation of the Ark of the Covenant leads to an extension of the analogy and to its application to two central motifs in Ninio's work - the image of the helicopter and the image of a ship's wave, which cuts/leaves the space of the works. In this context the images of the helicopter and the wave are apprehended as a kind of private artistic chronicle of a mythical-historical exodus from Egypt - a process of revelation (the helicopter passes through the fire like the "burning bush"), historical rupture, departure and exile (the image of the wave as a sign of crossing the Red Sea), wanderings, the constitution and fixation of signs and language out of signs of absence, indexes of foreign cultures and transition situations.

The movements, physical and conceptual, from "here" to there, continue to shake the contemporary Israeli art. Such a roving gaze between "there" and "here", is characterized by the fact that it does not anchor in any cultural territory it identifies with - if only because any cultural trait that is generally associated with local culture is immediately identified by it as belonging to an "other" culture. When the gaze exemplified in these works is directed to a cultural object from "there", it is projected back to the point of observation of "here", because it has chosen an object that reflects values connected to local life and ideas.

Those images from "there" in which local ideas are reflected are generally also elements from visual texts - whether from tourist brochures or from classics of the history of art. The "Routes of Wandering" exhibition wants to present a textual fabric from works of art that are conscious of their being linguistic data in a patriarchal culture - a culture that imparts artificiality to any conception of authentic connection with the "earth", with "The Great Mother", or with cultures that are umbilically connected with "her". The recognition that at the basis of the structures of local identity lie linguistic patterns with distant origins corresponds to the rejection of the culture of "the tillers of the soil" and to the renewed acceptance of the culture of "the People of the Book" as a characterizing trait of local identity. Acceptance of this kind is likely to identify this culture as being detached from its place - in the light of the most elementary sense of the typical textual unit, the index (as conceived by Peirce, de Saussure, Jakobson and other key figures in modern linguistics) - and as constituting traces of data that always point to beyond the order and the unity attributed to the linguistic territory in which they come to light.

The local discourse frequently condemns Israeli art, characterizing it as touched by stylistic imitativeness, as self-denigrating before images and subjects originating in the international centers of art. The term "center" refers here to artists and to artistic phenomena that are seen by art circles and markets as setters of tone - as well as to institutions that consolidate and disseminate the major critical and theoretical discourse of the given period - and generally presupposes a stratified cultural field in the framework of which it operates.

Further criticism leveled at local art has to do with its ex-chronicality - its tendency to adopt and adapt orientations, subjects and styles in an anachronistic manner, after they have been exhausted in the artistic centers where they arose as avantgarde phenomena. This borrowing of anachronistic models expresses a central quality of language, its essential dissociation from a fixed affiliation to a specific time and place, its heteronomous aspect, which overflows beyond bounds of defined territories. This claim about the essential qualities of language also arises from the way in which Gilles Deleuze and Felix Guattari describe the characteristics of minor cultures, where these linguistic qualities receive their most extreme expression. A "minor culture" is characterized by self-annexation to the higher, metropolitan culture of the international center, and by a kind of "reproduction" of its external textures while at the same time impairing its standardness - whether as an expression of foreignness towards it or as an attack on its codes. In Deleuze's and Guattari's terminology, this subversive activity is classified as one of the expressions of the "deterritorialization of language".

Deleuze and Guattari write about the "deterritorialization" of the culture of the center through the use made of it in the traits of the minor cultures - while George Steiner, in his book "Extra-Territorial", writes about extra-territorial literature, which is written in a language that is not the author's mother-tongue, or is not spoken in the place where he stayed during the writing, or which is translated by the author himself into other languages. It is interesting that already in the writings of Franz Rosenzweig we discover attitudes that prefigure the ways in which Deleuze and Guattari or Steiner define minor culture or extra-territorial art. Rosenzweig defines the Jewish people as "a world people", which is prevented from establishing a connection to a place and a land, which has lost its language and speaks the language of its external fate, the language of the nation amongst whom it lodges.

Nevertheless, in Israeli sculpture there has been frequent use of natural materials, in local painting there is still much regard for "warm painting", and especially for its local tradition, the abstract orientation which was institutionalized by artists like Yosef Zaritsky, Yehezkel Streichman, Avigdor Stematsky, Zvi Mairovitch, who oriented the medium to a poetic contact with the nature of the place: the prevalent images in their works signify and affinity to the place. All these "relics" of the dream of creating a unique local culture by means of contact with the land of this country shift Israeli art from the pattern of dependence characteristic of a minor culture. The distinctiveness of Israeli art stems from the fact that it subverts even a pattern of this kind by means of another pattern - that "eye contact" with the dream of autonomous identity which accompanies it like an irremovable remnant. This art subsist, therefore, in a limbo of double indexicality, between being a remnant of the Zionist ideology, which echoes the Romantic nationalism whose roots lie in the 19th century, and being a remnant of the universalistic patterns of the culture of the center, which are opposed to the nationalist approach.

Doron Pollak

Das Ringen der israelischen Künstler um einen eigenen Platz

In der Bibel steht, das jüdische Volk sei das auserwählte Volk; israelische Künstler gelten aber als Ausnahme von dieser Regel. Die Schwierigkeiten ihres Kampfes ums Überleben unterscheiden sie deutlich von ihren europäischen Kollegen.

Der Staat Israel ist verhältnismäßig jung und hätte gern ein eigenständiges Kunstschaffen hervorgebracht, doch erkennt man bisher nicht an, daß ein Künstler eine besondere Persönlichkeit hat, es müßte ihm geholfen werden, einen idealen Arbeitsplatz zu finden, damit er auch ideale Kunstwerke schaffen kann.

Ein israelischer Künstler ringt in erster Linie um ein eigenes Fleckchen, einen physischen Platz, an dem er arbeiten kann, denn dies ist eine unumgängliche Bedingung, um fortgesetzt eine schöpferische Tätigkeit ausüben zu können. Ein solcher Platz kostet aber Geld. In den großen Städten, in denen der Preis für jeden Quadratmeter Studio ständig ansteigt, ist es unmöglich, ein ideales Studio zu halten. Die Künstler müssen ihren Platz ständig wechseln. Künstler, die jahrelang in Akademien lehrten, in Museen ausstellten und sowohl vom hiesigen künstlerischen Establishment als auch von dem des Auslandes Anerkennung ernteten, kämpfen immer noch um die Möglichkeit, ein ständiges eigenes Studio zu haben.

Eine weitere unumgängliche Notwendigkeit wäre ein ständiges Magazin, also: Platz für seine fertigen Arbeiten zu haben. Die Schöpfung eines Künstlers ist unvollkommen, wenn er nicht imstande ist, dauernd Verbindung mit seinen eigenen Schöpfungen zu haben. Derzeit muß er zwischen den verschiedenen Magazinen herumrennen, in denen er Arbeiten untergebracht hat. Die Arbeiten müßten auch griffbereit sein, damit sie Kuratoren von Museen, die eventuell eine Ausstellung arrangieren wollen, an Ort und Stelle vorgeführt werden könnten. Dies wäre der unverzichtbare Anteil einer Verbindung des Künstlers mit seinem Publikum, mit denen, die Entscheidungen treffen - und dieser Platzmangel wird dann besonders kritisch, wenn eine Möglichkeit zum Verkauf seiner Arbeiten sich bietet. Zudem ist so ein Magazin auch für die Instandhaltung der Arbeiten unbedingt nötig.

Auch der Platz des Künstlers in der Gesellschaft ist umstritten. Künstler werden in der Regel nicht als "einflußreich" angesehen, als Leute, die auf die öffentliche Meinung Einfluß nehmen. Aus diesem Grund tobt ein ständiger Kampf um öffentliche Anerkennung durch das künstlerische Establishment; eine weitere Unterstützung für eine weitere Ausstellung im Museum ist nicht so leicht zu kriegen. Im Vergleich mit den Ausgaben von öffentlichen Geldern z. B. für Sport, Theater, sogar Literatur sind die Ausgaben für die bildenden Künste lachhaft. Die Künstler müssen um ihren Platz im Erziehungswesen sowie in der Geschäftswelt schwer kämpfen. Selbst ein Platz innerhalb der historischen Entwicklung des Kunstschaffens kommt, so scheint es, nicht von allein.

Ein weiteres Beispiel wäre der Status des Künstlers im Kibbuz. Der Kibbuz ist eine besondere und eigenständige Lebenform in Israel - hier leben und arbeiten die Bürger in einer wirtschaftlichen Gemeinschaft und alle Erträge kommen in eine gemeinsame Kasse. Ein von den Mitgliedern gewählter Ausschuß legt fest, wie groß das Budget für jeden Wirtschaftszweig sein soll und wieviele Arbeitsstunden investiert werden. Der Künstler wurde bisher nicht für eine ernsthafte finanzielle Einnahmequelle gehalten. Daher ringen die Künstler im Kibbuz seit langer Zeit, damit auch ihr geschäftliches Potential anerkannt wird und sie ihre Zeit "legitim" mit künstlerischem Schaffen verbringen dürfen. Der einzige Vorteil ist die Tatsache, daß das Problem vom Studio dort nicht existiert, für Künstler gibt es im allgemeinen ein altes Gebäude, in dem sie ungestört schaffen können. Das Hauptproblem beim Arbeiten in so einer Gemeinschaft ist das Ringen um Eigenständigkeit, denn der Druck und die Abhängigkeit von den Beschlüssen einer ziemlich verschlossenen Gesellschaft, die für Kunst nicht offen ist, machen einem Künstler zu schaffen.

Der israelische Künstler als Bürger des Staates Israel muß sich tagtäglich mit Problemen messen, die teilweise außerhalb der Grenzen des Staates Israel unbekannt sind. Die Militärdienstpflicht von drei Jahren und nachher Reservedienst von zirka einem Monat im Jahr sind Zwänge, die für einen Künstler, der sich sowieso in einem Rahmen mit strengen Regeln schwer eingewöhnen kann, besonders schwierig sind. Er hat wohl das Privilegium einer "anderen Inspiration", einer aus dem Leben der Armee, doch kann kein Zweifel daran bestehen, daß der Übergang des Künstlers vom täglichen Leben in den starren Rahmen der Armee ein wirkliches Problem darstellt.

Besondere Schwierigkeiten hat der israelische Künstler, einen Platz in der Geschäftswelt Israels zu erobern - ebenso in der internationalen Geschäftswelt. Israel orientiert sich zwar nach dem Westen, doch ist die Mentalität oft eher orientalisch. Ein kleiner Staat von Einwanderern, umschlossen von feindlichen Staaten, hat von Anfang an nur ein sehr kleines Verkaufspotential. Die geografische Entferung von Europa, USA und Japan macht größere Schwierigkeiten, die Kunstwerke zu bewegen, und erschwert von Anfang an die Integration in den internationalen Kunstmarkt.

Trotz allem oben Gesagten ist dieser kleine, belagerte Platz dieser Erde, um die soviele streiten, die behaupten, ein Recht auf sie zu besitzen, äußerst interessant und spannend. Es ist ein Platz der Verschmelzung von Kulturen, Tor und Begegnung von drei Kontinenten, ein Ort, in dem Flüchtlinge aus Europa und Afrika gleichzeitig Zuflucht fanden, ein Platz an dem sich Geschichte seit Jahrtausenden abspielt, ein Platz unglaublicher Inspirationen für Künstler.

Hier wächst ein hartnäckiges, nonkonformistisches, aufständisches Geschlecht heran, das auf jede Erscheinung reagiert, das über vieles viel zu sagen hat.

Gegen Ende dieses Jahrhunderts ist der Platz Israel ein attraktiver Platz, es ist wichtig und lohnend, ihn zu kennen. Nur eine objektive internationale Schaustellung bringt dem israelischen Künstler eine Möglichkeit, sich im Kreise seiner Kollegen aus anderen Ländern zu äußern, aufrecht und gleichberechtigt dazustehen, ohne Entschuldigung, ohne Ausreden - nur so ist das Ziel erreichbar, eine hervorragende Stellung mit vielen Erfolgen für die israelische Kultur unter den Völkern der Welt zu bekommen.

The Israeli artist's fight: A place of his own

It is written in the Bible that the Jewish people are the chosen people. Israeli artist's are the exeptions to this rule. The difficulties of their fight for survival are very different from those of their European colleagues.

The State of Israel is rather young and would like to bring forth its own artistic creators. But until now the artist has not been recognized as a person who needs support.

An Israeli artist has first and foremost to fight for a Place - a physical place - where he can work. Such a place, however, costs money. In the metropolitan area, in which prices for each square meter get higher every day, it is impossible to maintain a studio. The artist must change places frequently. Artists who taught for years in art academies, whose works were exhibited in museums and who are recognized both by the local artistic establishment and the international artistic establishment still find it impossible to maintain a permanent studio.

Another necessity would be, to have a permanent Place in which they may show their works. The artist is crippled unless he is able to exhibit his creations on the spot. Now, he is forced to go to the various locations where his works are lodged. These works should be availabe to be viewed by the art professionals and informed public. This is a necessary bond between the artist and his public and with those who make decisions. The impossibility to reach his work easily and immediately is critical to its sale and preservation.

The place of the artist in Israeli society is also a matter for debate. Artists are usually not seen to be "influential", people capable of influencing public opinion. Therefore, there is a constant fight for public recognition within the artistic establishment; for further support of yet another exhibition in a museum, which is not easy to get. Compared to the sums of public money for sports, theater, even literature the outlay for fine arts is laughable. Artists have to fight for their niche in the world of education as well as in the world of business, even for their place in the historical evolution of local artistic creation, which does not come by itself.

Another example is the status of the artist in the Kibbutz. The Kibbutz is a special and particularly Israeli form of living in Israel - here the citizens live and work in an economic symbiosis, with total contribution of ones economic effort to the community. A committee, elected by the members decides the budget for each economic branch and how many hours of work are to be permitted for it. The arts are, up to now, not taken as an economic branch that brings profits, and therefore artists must fight for recognition of their economic potential as well as for their artistic one, so that they may spend time "officially" at their art. There is, however, one problem that the Kibbutz-artists do not have: for these artists there is usually some place in which they can create undisturbed. The main problem for an artist in such a community is the constant fight for identity, for the pressure and the dependence on decisions of a rather closed society, not open to the arts.

The Israeli artist as a citizen of the State of Israel has daily problems which are partly unknown beyond the borders of the State. Compulsary Military duty is three years and afterwards a month each year in the military reserve are demand that are, for an artist who finds it hard at any time to be forced into a rigidly disciplined frame, a great hardship. He has, however, the privilege of a "different inspiration", of the army-life. But there can be no doubt that the passage from his normal life to that of military existence is, for an artist, very hard.

Another special hardship is, that Israeli artists find it exceedingly difficult to find support within the Israeli and the international business-community. Israel is by choice a western country, but its mentality is often different. A small country of immigrants, surrounded by enemy states, whose language is Hebrew has a very small selling potential from the beginning. The great distance from Europe, USA, and Japan make transport of works of art to and from very difficult and therefore the integration into the international art business.

Despite all the above, this small, beleaguered piece of earth, over which so many people continue to fight is vastly dynamic and diverse. It is a melting pot of different cultures, a meeting-place of three continents, a place where refugees from Europe and Africa have found refuge, a place of extraordinary history, a place of incredible inspiration.

Its trials have nurtured an obstinate, nonconformist, revolutionary generation, which reacts and has a strong voice. But it is also a generation distant and at times isolated from the world at large.

Only an objective international viewing brings the possiblity to the Israeli artist to talk in the circle of his colleagues from other countries, to stand tall without excuses or subterfuges. Only by extending itself beyond its own immediate horizons can Israeli culture take its place amongst the people of this world.

Ido Bar-El

Nurit David

Gideon Gechtman

Tamar Getter

Uri Katzenstein

Motti Mizrachi

Moshe Ninio

Sigal Primor

Daniel Sack

David Shvili

Micha Ullman

Ido Bar-El

1959 geboren in Tel-Aviv · born in Tel-Aviv

Einzelausstellungen · One-man-Exhibitions

1987 Galerie der Bezalel-Kunstakademie, Kunstabteilung, Jerusalem
Israel-Museum, Jerusalem

1988 „Tounge in cheque", Noemi Givon, Zeitgenössische Kunst, Tel-Aviv

1989 „Oranim", Galerie der Kunstabteilung der Universität der Kibbuzbewegung

1991 Galerie des Kibbuz Kabri
Galerie Atelier Asperger, Berlin

1993 Vereniging voor het Museum van Hedendaages Kunst, Gent

1993 Tel-Aviver Kunstmuseum, Juni 1993

Ausstellungsbeteiligungen · Group-Exhibitions

1984 Absolventen der Bezalel-Akademie, Künstlerpavillon, Jerusalem

1986 Artist Studios Galerie, Jerusalem

1987 „Neuerwerbungen", Israel-Museum, Jerusalem

1988 „Frische Farbe", Tel-Aviver Kunstmuseum
„Die Wahl des Kritikers", Kunstgewerbegalerie, Tel-Aviv
„Nieder mit der Besetzung", Rega-Galerie, Tel-Aviv
„9 israelische Künstler", Vortragssaal der Kunst, Zürich
„9 israelische Künstler", Orangerie Herrenhausen, Hannover
Gewinner des Kulturpreises für junge Künstler des Ministeriums für Erziehung und Kultur, Ramat-Gan, Museum israelischer Kunst
„Jubiläum von Amnesty International", Bograschow-Galerie, Tel-Aviv

1989 „Der israelische Vorschlag", Ramat-Gan, Museum israelischer Kunst
„Andere Frequenzen", Berta-Urdag-Galerie, N. Y.
„Neuerwerbungen", Tel-Aviver Kunstmuseum

1990 „Mehr als eine Zeichnung", Givon-Galerie, Tel-Aviv
„Die Neunzigerjahre", Kibbuz Ejn-Charod, Kunstpavillon

1991 Derzeitige israelische Kunst. Eine ausgedehnte Präsentation, Tel-Aviver Kunstmuseum
„Kombinierte Malerei", Givon Kunstgalerie, Tel-Aviv

1992 „Wanderwege", Israel-Museum, Jerusalem
„Einblicke-Ausblicke", Adenauer-Stiftung, Leipzig, Berlin, Bonn
„Positionen Israel", Berlin, Botanian-Haus

1993 „Neuerwerbungen", Museum gegenwärtiger Kunst, Gent

Ohne Titel · 1992 · Öl auf Holz · 43 x 61 x 10 cm
Untitled · 1992 · oil on wood · 43 x 61 x 10 cm

Ohne Titel · 1992 · Öl auf Holz · 51 x 26,5 x 19 cm

Untitled · 1992 · oil on wood · 51 x 26,5 x 19 cm

Ohne Titel · 1992 · Öl auf Holz · 31,5 x 56 x 10 cm
Untitled · 1992 · oil on wood · 31,5 x 56 x 10 cm

Nurit David

1952 geboren in Israel · born in Israel

Einzelausstellungen · One-man-Exhibitions

1979 Galerie Sarah Gilat, Jerusalem
1983 Galerie Sarah Gilat, Jerusalem
1984 Galerie zeitgenössischer Kunst Noemi Givon, Tel-Aviv
1987 Israel-Museum, Jerusalem
Bograschow-Galerie, Tel-Aviv
1991 Givon Galerie, Tel-Aviv

Ausstellungsbeteiligungen · Group-Exhibitions

1982 „Hakibbuz" Galerie, Tel-Aviv
1984 „Zwei Jahre – angesammelte Eigenschaften", Tel-Aviv Museum
1986 „Der Mangel an Material als Eigenschaft israelischer Kunst", Tel-Aviv Museum
1988 „Neun israelische Künstler", Zürich und Orangerie Herrenhausen, Hannover
1989 „Wohnen am Wasser", Künstlerwand in der Givon-Kunstgalerie
1990 „Weibliche Gegenwart", Tel-Aviv Museum
1991 Internationale Biennale in São Paulo
1992 „Wanderwege", Israel-Museum, Jerusalem
„Einblick-Ausblick", Junge Kunst aus Israel, Leipzig, Bonn, Berlin

A painful case · 1992 · Öl auf Leinwand · 83 x 101 cm

A painful case · 1992 · oil on canvas · 83 x 101 cm

Ivy day in the committee room · 1992 · Öl auf Leinwand · 83 x 101 cm

Ivy day in the committee room · 1992 · oil on canvas · 83 x 101 cm

Grace · 1992 · Öl auf Leinwand · 83 x 101 cm
Grace · 1992 · oil on canvas · 83 x 101 cm

Gideon Gechtman

1942 geboren in Alexandria, Ägypten · born in Alexandria, Egypt

Einzelausstellungen · One-man-Exhibitions

1973 „Bloßstellung", Yodfat-Galerie, Tel-Aviv
1984 Naomi Givon-Galerie, Tel-Aviv
1985 „Todesfälle", Kibbuz-Galerie, Tel-Aviv
1988 „Vorbereitungen für Mausoleum Nr. 1", Werkstätte der Künstlerstudios, Jerusalem
1992 „Echo", Bograshov Galerie, Tel-Aviv

Ausstellungsbeteiligungen · Group-Exhibitions

1970 „Junge Zeitgenossen", Königliche Akademie, London
1975 „Offene Werkstätte", Israel-Museum, Jerusalem
1978 „Künstler-Gesellschaft-Künstler", Tel-Aviver Kunstmuseum
1990 „Lebensgröße", Israel-Museum, Jerusalem
1991 „Perspektiven", Tel-Aviver Kunstmuseum
1992 Die zweite Biennale der Skulptur, Ein Hod

Cart No. 5 · 1993 · Marmorimitation · 190 x 97 x 73 cm

Cart No. 5 · 1993 · synthetic marble · 190 x 97 x 73 cm

Cart Display · 1993 · Wagen: Messing vergoldet · 17,5 x 4,5 x 7 cm
Platte (unvollendet): Holz, Formaica, Plexiglas · 45 x 45 x 130 cm

Cart Display · 1993 · Cart: brass-gold plated · 17,5 x 4,5 x 7 cm
Stand (unfinished): wood, formaica, plexiglass · 45 x 45 x 130 cm

Compartments · 1992 · Holz, Formaica · 150 x 25 cm
Compartments · 1992 · wood and formaica · 150 x 25 cm

Tamar Getter

1953 geboren in Tel-Aviv · born in Tel-Aviv

Einzelausstellungen · One-man-Exhibitions

1975 Sara-Gilat-Galerie Jerusalem
1978 Israel-Museum, Jerusalem
1980 Julie M.-Galerie, Tel-Aviv
1982 Givon-Galerie, Tel-Aviv
Biennale, Venedig
1986 Bograshov Kunstzentrum, Tel-Aviv
1988 Bograshov Kunstzentrum, Tel-Aviv
1990 Karmeliterkloster, Frankfurt
1991 Bograshov Kunstzentrum, Tel-Aviv
1992 Julie M.-Galerie, Tel-Aviv
Wall-Pieces, Galerie des Memorial-Zentrums, Tivon
Wall-Piece, Bograshov, Tel-Aviv

Gruppenausstellungen · Group-Exhibitions

1973 Galerie 220, Tel-Aviv
Galerie Gilat, Jerusalem
1974 Künstlerhaus, Jerusalem
Galerie Gilat, Jerusalem
Galerie Hakibbuz, Tel-Aviv
Galerie Yodfat, Tel-Aviv
Galerie Shinar, Tel-Aviv
1975 Israel-Museum, Jerusalem
Künstlerhaus, Tel-Aviv
Galerie Gilat, Jerusalem
Galerie Julie M., Tel-Aviv
1976 Zavta Klub, Tel-Aviv
Galerie Gilat, Jerusalem
1977 Amerikahaus, Tel-Aviv
Galerie Ross, Tel-Aviv
1978 Kunstmuseum, Tel-Aviv
Galerie Gilat, Jerusalem
1979 Galerie Gilat, Jerusalem
1980 Diezengoff-Zentrum, Tel-Aviv
Galerie Gilat, Jerusalem
1981 Kunstmuseum, Tel-Aviv
Kunsthalle, Düsseldorf
Sonja-Henie-Museum, Oslo
Internationaler Kunstjahrmarkt, Basel
Galerie Gilat, Jerusalem
1982 Israel-Museum, Jerusalem
Galerie Radius, Tel-Aviv
1983 Kunstmuseum, Tel-Aviv
1985 Kunstverein, Frankfurt/Main
1986 Kunstmuseum, Tel-Aviv
Museum moderner Kunst, Haifa
Martin-Weinstein-Galerie, New York
1987 Kunstmuseum, Tel-Aviv
Museum Israelischer Kunst, Ramat-Gan
Der Chan, Akko
Galerie Gimmel, Jerusalem
1988 Kunsthaus, Zürich
Orangerie Herrenhausen, Hannover
1989 Kunstmuseum, Tel-Aviv
Galerie Gimmel, Jerusalem
1990 Kunstmuseum, Tel-Aviv
Kunstverein, Frankfurt/Main
Mouson-Turm, Frankfurt/Main
1991 Kunstmuseum, Tel-Aviv
Nationaltheater Habimah, Tel-Aviv
1992 Jancu-Dada-Museum, Ein Hod
Leipziger Oper
Bograshov, Tel-Aviv
Bethanien, Berlin
Galerie Artifact, Tel-Aviv

Rembrandts Parade II · 1991 · Öl-Tempera auf Leinwand · 140 x 200 cm
Rembrandt's Parade II · 1991 · oil-tempera on canvas · 140 x 200 cm

Oskar Schlemmer als „Der Türke“ · 1992 · Öl-Tempera auf Leinwand · 140 x 115 cm
Oskar Schlemmer as ”The Turk“ · 1992 · oil-tempera on canvas · 140 x 115 cm

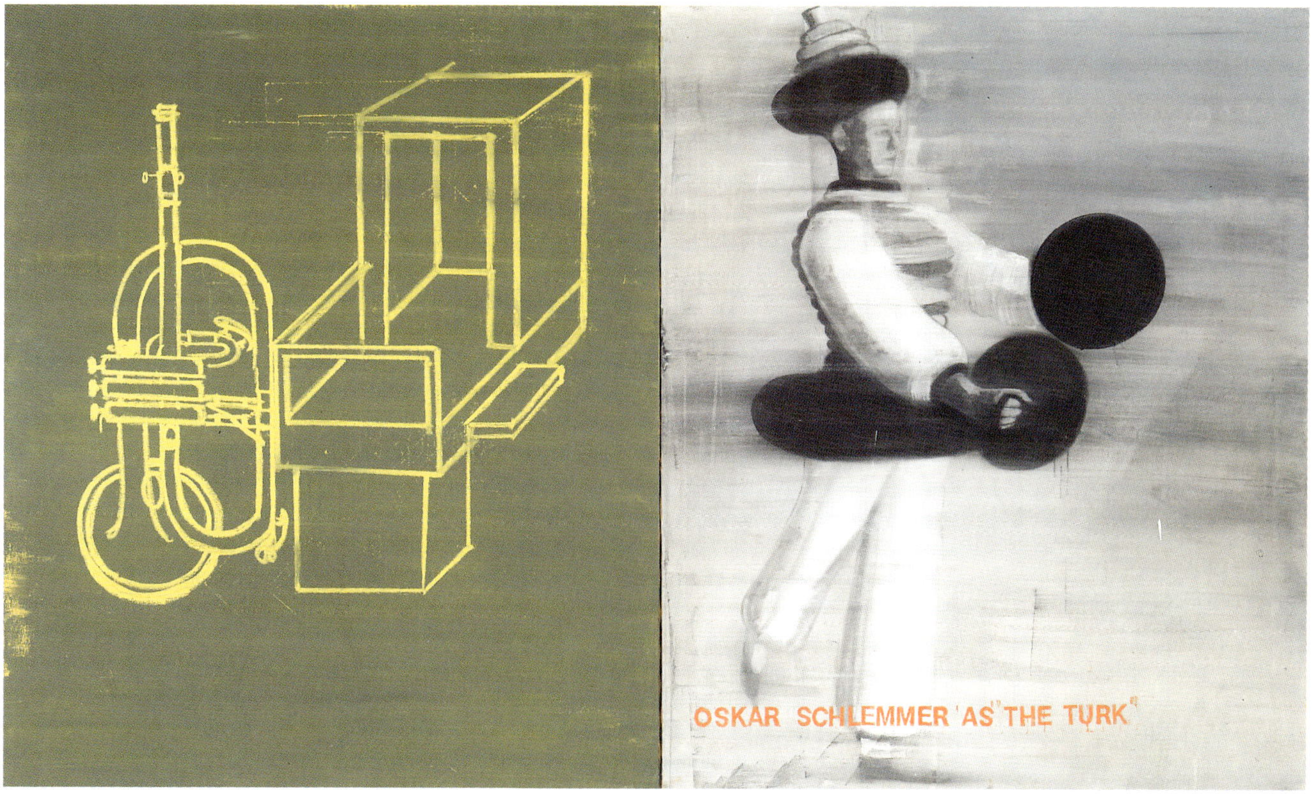
OSKAR SCHLEMMER AS "THE TURK"

Das Herz geht vom Zucker zum Kaffee · 1991 · Öl-Tempera auf Leinwand · 190 x 77 cm

Das Herz geht vom Zucker zum Kaffee · 1991 · oil-tempera on canvas · 190 x 77 cm

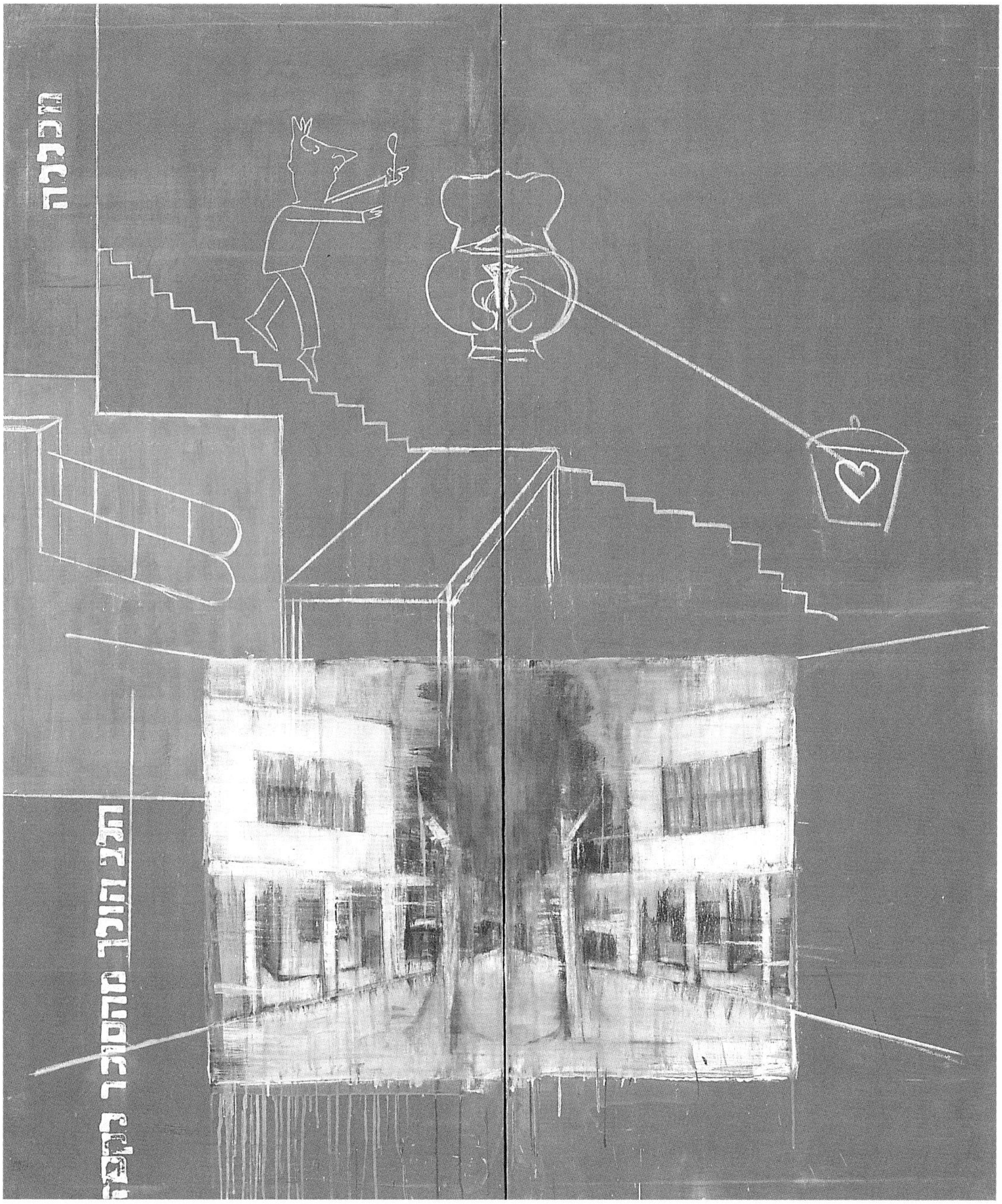

Uri Katzenstein

1951 geboren in Tel-Aviv · born in Tel-Aviv

Ausstellungen · Exhibitions

1980 „Arbeit Nr. 4", The Farm, San Francisco
„Das Wort fließt und fließt", Aktivität „Pangaea", San Francisco

1981 „Neuigkeiten" Nr. 2, Tel-Aviv Museum

1983 „Der theoretische Milchmann", Auftritt mit Lori Pricci „Limbo Lounge", N. Y.
„Bon ton", Uri Katzenstein, Denesteria, N. Y.
„Confessiony Poise", Limbo Lounge, N. Y.
„Bonny Liberdad – Bon ton", Uri Katzenstein, Terminal, N. Y.
„Gagacy Tag", Auftritt mit Lori Pricci, Beka, Brooklyn, N. Y.
„Lebendes Radio in Fashion Mode", Künstlerprojekt im Radio, mit Isaac Jackson
„Atomic parking lot mosaic", Aktion in Fashion Mode, N. Y.
„Kunst der Stimme", eine lebende Sendung der Station WBAI bis September 1984
Direktor und Sprecher der Sendung „Weltmusik" im Radio WBAI bis September 1984

1984 „Das ist nicht die Kunst der Skulptur", Auftritt, „The Kitchen", New-York
„Ausstellung der Kunst der Stimme", Beka-Museum, Brooklyn, N. Y.
„Bon Ton", Uri Katzenstein, „Plexus", New York

1985 „Medias", Auftritte mit Noam Halevy, Museum Tel-Aviv

1987 Galerie „Dvir", Soloausstellung
„Theatralische Ausblicke", Galerie Kalischer 5, Tel-Aviv

1988 „Frische Farbe", Israel-Museum, Jerusalem
„Vierzig aus Israel", Brooklyn Museum, New York
„Wahl der Kritiker", Artifakt-Galerie, Tel-Aviv

1989 „Sonnenfinsternis", Bograshov-Galerie, Tel-Aviv
Galerie Chelouche, Tel-Aviv
Preis des Ministeriums für Erziehung und Kultur, Ramat-Gan Museum
„Künstler für Menschenrechte", Bograshov-Galerie, Tel-Aviv

1990 Biennale für Skulptur, Ein Hod
„Künstlerwerkstätten", Eröffnungsausstellung

1991 „Israelische Kunst 1990" – Auftritt „Panta rhei", Kunsthalle Düsseldorf
Zentral-Künstlerhaus, Moskau
„Zeitgenössische israelische Kunst – erweiterte Ausstellung", Tel-Aviv Museum
21. internationale Biennale Sao Paulo, Chelouche-Galerie, Tel-Aviv

1992 „Das letzte Wort", Universitätsgalerie, Tel-Aviv
„Kunst am Fließband", Ramat-Gan Museum
„Samara" – Rock-Oper, Zavta, Tel-Aviv
„Wer unterschrieb die Ente?", Bograshov-Galerie, Tel-Aviv

1993 Israel-Museum, Jerusalem

Uri Katzenstein

Drum machine with wigs · 1993 · 200 x 180 x 350 cm

Drum machine with wigs · 1993 · 200 x 180 x 350 cm

Uri Katzenstein

Rituelle Wirklichkeit · 1992 · Aktion

Ritual Reality · 1992 · Action

Uri Katzenstein

Installation für „Postscripts“ · 1992

Installation at ”Postscripts“ · 1992

Motti Mizrachi

1946 geboren in Tel-Aviv · born in Tel-Aviv

Einzelausstellungen · One-man-Exhibitions

1973 „Neue Zeiten", Galerie Sara Gilat, Jerusalem
1974 Kunstgalerie Reka, Schweiz
1977 „Weiße Ausstellung", Sara Giloh-Galerie, Jerusalem
1979 Petri-Galerie, Malmö, Schweden
1982 Skizzen für die Oper „Die Opferung Isaaks", Sara Levi-Galerie, Tel-Aviv
1985 Pavillon der Jugend im Tel-Aviver Museum
1991 „Das Klatschen einer Hand", Chelouche-Galerie, Tel-Aviv
1992 „Art fire", Chicago

Besondere Projekte, Happenings · Special projects, happenings

1972 „Brennende Gräber", am Toten Meer
1973 „Via Dolorosa", Jerusalem
1978 „Breakthrough", internationaler Kunstmarkt, Tel-Aviv
„Rosafarbenes Schwimmbecken", Künstlerhaus, Jerusalem
1979 „Art therapy", Happening, Künstlerhaus, Jerusalem
1980 „Das Jahr der Taube", Happening in Tel-Chaj 80, Treffen zeitgenössischer Künstler
1981 „Freuden", Happening im Rahmen der Ausstellung „Ein anderer Wind", Museum Tel-Aviv
1982 „Melodien", Happening, Tel-Aviver Museum
„Klein's Leidensweg", Happening, Israel-Museum
1984 „Küchlein 84", Happening des Israel-Festival, Jerusalem
„Sunfrost", Dach des Helena-Rubinstein-Museums, Tel-Aviv
1985 „Das Rennen nach dem Frieden", Neve-Schalom
„Mizrachis verlorene Ehre", Diezengoff-Zentrum, Tel-Aviv
1986 „Eifersucht der Engel", Dach der Diskont-Bank, Ramat-Aviv Gimmel, Tel-Aviv
1988 „Guten Morgen, Haifa", Haifaer Museum
„Mast, Schraube und Enten", Umweltskulptur, Masaryk-Platz, Tel-Aviv
1990 „Mordoch", Umweltskulptur, Zentrumsbau, Herzliah
1991 „Mondheiligtum", Projekt für die israelische Kunstausstellung Düsseldorf, Moskau, Jerusalem

1992 „Friedensengel“, Dani-Haus, Hatiqva-a-Quartier, Tel-Aviv
„Orientalischer Kuss“, Opernturm, Tel-Aviv

Videos

1977 „Vögel“ – 30 Minuten
„Teig“ – 30 Minuten
„Healing“ – 30 Minuten

Ausstellungsbeteiligungen · Group-Exhibitions

1974 Künstlerhaus, Tel-Aviv
1975 „Offene Werkstätte“, Israel-Museum, Jerusalem
1976 „Happening '76“, Künstlerhaus, Tel-Aviv
Julie M.-Galerie, Tel-Aviv
Triennale der Fotografie, Israel-Museum
1977 Sara-Giloh-Galerie, Jerusalem
1978 „Künstler – Gesellschaft – Künstler“, Tel-Aviv Museum
Galerie Russ, Tel-Aviv
CAYC, Buenos Aires (8 Israelis)
„Über die politische Lage“, Kibbuz-Galerie, Tel-Aviv
1979 „Happening 79“, Künstlerhaus, Tel-Aviv Museum
1989 Pariser Biennale
Museum moderner Kunst, Oslo
„Tel-Chaj 80“, Treffen zeitgenössischer Künstler
„Grenzen“, Israel-Museum, Jerusalem
1982 „Hier und jetzt“, Israel-Museum, Jerusalem
Internationaler Jahrmarkt, Basel
1983 Museum moderner Kunst, Düsseldorf
1984 „80 Jahre Skulptur“, Israel-Museum, Jerusalem
„Apfel und Birne“, Helena-Rubinstein-Museum, Tel-Aviv
„Ansammlung von Charakteristiken zweier Jahre“, Tel-Aviv Museum
1985 Grand Palais, Paris
„Gutes Jahr“, Jugendpavillon, Israel-Museum, Jerusalem
1986 „Haus mit Eigenwohnungen“, Die Schiene, Hafen von Jaffa
„Meilensteine“, Israel-Museum, Jerusalem
1987 Biennale Sao Paulo
1988 Biennale Venedig
„Die Opferung Isaaks“ in der israelischen Kunst, Museum für israelische Kunst, Ramat-Gan
„Ein Volk baut ein Land auf“, Museum Herzliah
1989 „Im Schatten des Konflikts“, Jüdisches Museum, New York
1990 Ausstellung der Sammlung des Israel-Museums, Tel-Aviv
„Kiosk-Ausstellung“, Tel-Aviv
„Die Säule in der israelischen Skulptur“, Skulpturengarten, Universitätsgalerie Tel-Aviv (Ikarus)
„Jüdisches Erleben in der Kunst des 20. Jahrhunderts“, Galerie des Barbican-Zentrums, London
Erste Biennale für Skulptur, Ein Hod
1991 Biennale Sao Paulo
Israelische Kunst um 1990, Kunsthaus Düsseldorf, Zentrales Künstlerhaus, Moskau
Israel-Museum, Jerusalem (Mondheiligtum)
Ausstellung der Sammlung, Tel-Aviv Museum
1992 „Ort und Mittelstrom“, Zeitgenössische israelische Kunst, Harah-Museum, Jaffa
„Blick und Standpunkt“, Opernhaus Leipzig
„Zweidimensional, dreidimensional“, Festival Israel, Jerusalemer Theater, Jerusalem
Art Feuer, Köln
Skulptur im Theater, Jancu Dada, Ein Hod

One-Handed Clappings No. 13 · Eichenholz, Aluminium, Neon · 82 x 40 cm

One-Handed Clappings No. 13 · neon, oak-wood and aluminium casting · 82 x 40 cm

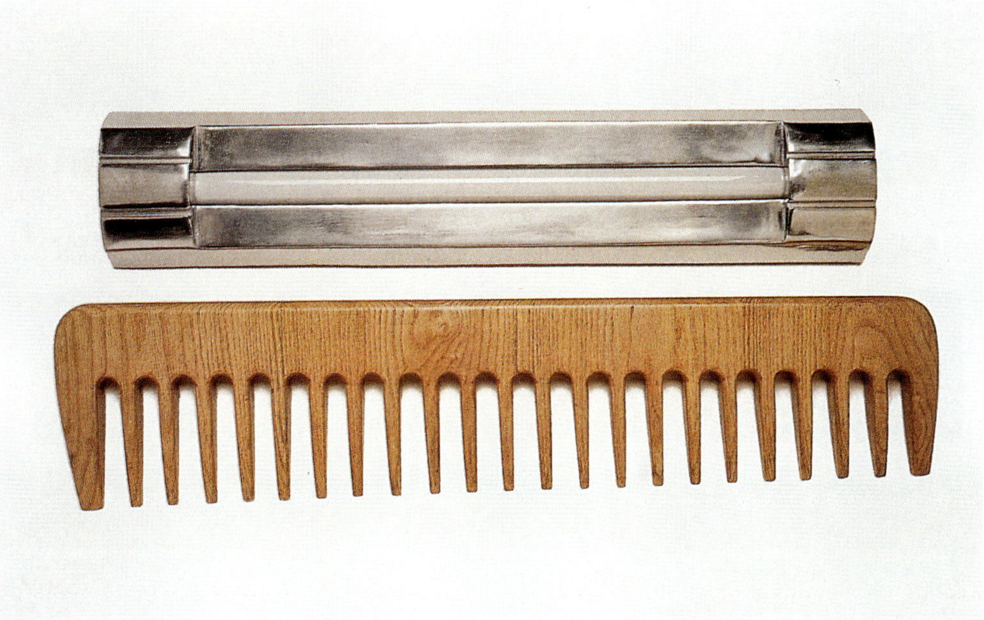

Stella Maris · 1992 · Aluminium, Neon · ø 60 cm
Stella Maris · 1992 · aluminium, neon · ø 60 cm

Ohne Titel · 1993 · Boxhandschuhe, Neon · ø 170 cm
Untitled · 1993 · boxing gloves, neon · ø 170 cm

Moshe Ninio

1953 geboren in Tel-Aviv · born in Tel-Aviv

Einzelausstellungen · One-man-Exhibitions

1983 Galerie zeitgenössischer Kunst Noemi Givon, Tel-Aviv
1987 Camera Obscura Galerie, Tel-Aviv
1990 Israel-Museum, Jerusalem

Ausstellungsbeteiligungen · Group-Exhibitions

1985 „Der Geist der Dinge", Künstlerstudio, Aika (Ariel Brown) Galerie, Jerusalem
„Katastrophe", Jerusalemer Theater
1987 „Umwelt – Gegenwart", Galerie Kalischer 5, Tel-Aviv
1988 „Frische Farbe – Die jüngere Generation in israelischer Kunst", Tel-Aviver Kunstmuseum
Künstlerstudio Aika (Ariel Brown) Galerie, Jerusalem
„Künstler, Kommunikation, Künstler", Beith-Hayotzer-Galerie, Haifa
„Neuerwerbungen", Israel-Museum, Jerusalem
1989 „Verschiedene Frequenzen", Bertha Urdag-Galerie, New York
„Zwischen Abbild und Objekt", Kunstgalerie des Oranim-College
1990 „Raum/Präsentation/Macht", Galerie Bograshov, Tel-Aviv
„Den 90igern entgegen", Mishkan le'omanut, Ein-Charod
Galerie der Fotografie-Abteilung, Bezalel-Kunstakademie, Jerusalem
„Lebensgröße – Ein Gefühl des Wirklichen in gegenwärtiger Kunst", Israel-Museum, Jerusalem
1991 „Lebenslinien", Cartier-Stiftung für Kunst der Gegenwart, Jouy-en-Josas
„Beständigkeit der Erinnerung", Dritte Israelische Biennale der Fotografie Mishkan le'omanut, Ein-Charod
„Ort und Hauptströmung", Gegenwärtige Skulptur aus Israel, Haifa, Museum Arc., Gunma Prefecture/Museum of contemporary art, Seoul
1992 „Wanderwege", Nomadentum, Reisen und Übergänge in israelische Kunst der Gegenwart, Jerusalem
„Documenta X", Kassel
„Neuerwerbungen", Israel-Museum, Jerusalem
„Israelische Künstler der Documenta IX", Galerie der Haifaer Universität
„Ultima", Yad-Labanim-Museum, Petah-Tiqva

Moshe Ninio

Ohne Titel · 1989–92 · Kiefernholz, Farbdrucke, Plexiglas

Untitled · 1989–92 · pinewood, m. d. f., color prints, plexiglass

Moshe Ninio

Ohne Titel · 1989–92 · Kiefernholz, Farbdrucke, Plexiglas

Untitled · 1989–92 · pinewood, m. d. f., color prints, plexiglass

Ohne Titel · 1989–92 · Kiefernholz, Farbdrucke, Plexiglas
Untitled · 1989–92 · pinewood, m. d. f., color prints, plexiglass

Sigal Primor

1961 geboren in Israel · born in Israel

Einzelausstellungen · One-man-Exhibitions

1991 „Schau wer redet", Bograshov-Galerie, Tel-Aviv
1992 „The antarctic challenge", Israel-Museum, Jerusalem
1993 „The Cotton-Club", Hubertus-Wunschic-Galerie, Düsseldorf

Ausstellungsbeteiligungen · Group-Exhibitions

1987 Gewinn des Stipendiums der Scharett-Stiftung, Tel-Aviv Kunstmuseum
1988 „Die Wahl des Kritikers", Kunstgewerbegalerie, Tel-Aviv
1989 Verleihung des Preises für junge Künstler des Ministeriums für Erziehung und Kultur, Museum israelischer Kunst, Ramat-Gan
„Frische Farbe", Israel-Museum, Jerusalem
1990 Eröffnung der Künstlerstudio-Galerie, Tel-Aviv
„Raum – Präsentation – Kraft", Bograshov-Galerie, Tel-Aviv
„Weibliche Gegenwart", Helena-Rubinstein-Pavillon, Tel-Aviver Kunstmuseum
1991 „Sommerausstellung", Tel-Aviv, Kunstmuseum
Zeitgenössische Israelische Skulptur – örtlich und Hauptrichtung, Hara-Museum, Japan
„Kleinformat", Hubertus Wunschic-Galerie, Düsseldorf
1992 2. Biennale der Skulptur, Ein Hod
„Wanderungen an der Kante", Kalischer-Galerie, Tel-Aviv
„Entwurf – Linie – Kunst", Museum Israelischer Kunst, Ramat-Gan
„Israelische Künstler", Leipzig
1993 „Skulptur – dem Theater entgegen", Museum Ein Hod

Do you think we can warm up your heart? · 1992 · Holz, Aluminium, Filz, bedrucktes Glas, bestickte Taschentücher · 105 x 240 x 90 cm

Do you think we can warm up your heart? · 1992 · wood, aluminium casts, felt flakes, printed glass, embroided handkerchiefs · 105 x 240 x 90 cm

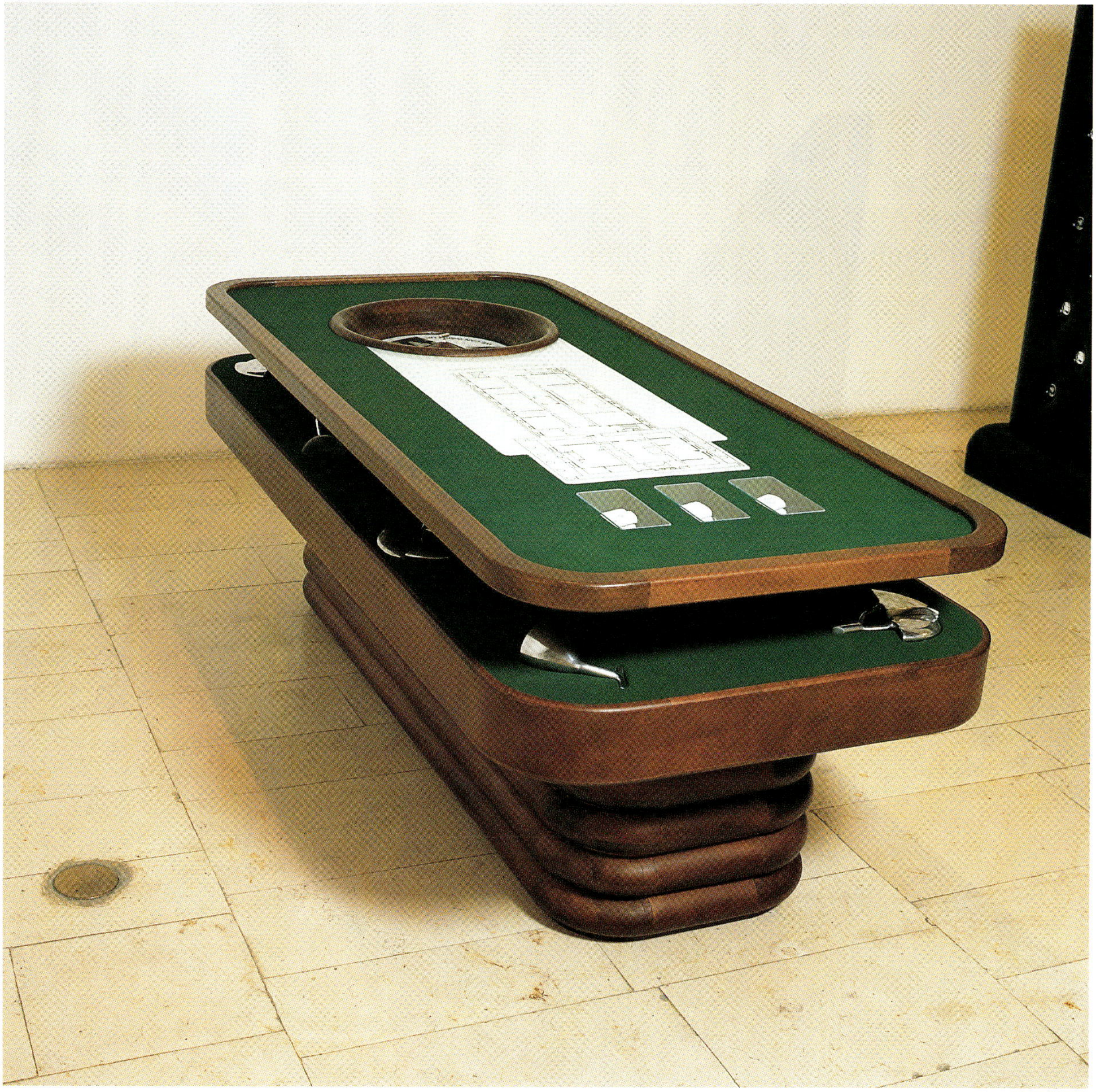

Do you think we can warm up your heart? · Detail
Do you think we can warm up your heart? · detail

Corridor · Detail
Corridor · detail

DO YOU THINK
WE CAN WARM UP
YOUR HEART

Corridor · 1992 · Kunstleder, bedruckte Knöpfe · 180 x 302 x 40 cm
Corridor · 1992 · artificial leather, printed buttons · 180 x 302 x 40 cm

Daniel Sack

1961 geboren in Jerusalem · born in Jerusalem

Einzelausstellungen · One-man-Exhibitions

1987 Bograschow-Galerie, Tel-Aviv
1988 Fischer-Halle, Mischkanoth, Jerusalem
1989 Bograschow-Galerie, Tel-Aviv
1990 Museum israelischer Kunst, Ramat-Gan
1991 Galerie der Künstlerstudios, Tel-Aviv

Ausstellungsbeteiligungen · Group-Exhibitions

1988 „Frische Farbe", Israel-Museum, Jerusalem
Vierzig Jahre der Universalerklärung der Menschenrechte, Bograschow-Galerie, Tel-Aviv
Zwei-Personen-Ausstellung (mit Neta Harel), Bograschow-Galerie, Tel-Aviv
1989 Der israelische Vorschlag an das Venice Aperto, Museum israelischer Kunst, Ramat-Gan
1990 Einweihungsausstellung der Galerie der Künstlerstudios, Tel-Aviv
Biennale Venedig (Aperto)
1991 „Israelische Kunst um 1990", Städtische Kunsthalle Düsseldorf
Zentral-Künstlerhaus Moskau
Israel-Museum, Jerusalem
„Die Wahl des Kurators", Kalischer-Galerie, Tel-Aviv
„Örtliche und allgemeine israelische Skulptur in Japan", Hara Museum Arc
„Israelische Kunst jetzt", Tel-Aviv Museum
1992 „Kuratoren in israelischer Kunst", Galerie Sara Confort, Tel-Aviv
Postscripts „End", Repräsentationen von zeitgenössischer israelischer Kunst, Kunstgalerie der Tel-Aviver Universität, Tel-Aviv
Istanbul Biennale

Ohne Titel · 1992 · Gips, Glasfiber, Epoxyharz, Plastikschnüre, Plastikzylinder · 40 x 45 x 16 cm

Untitled · 1992 · plaster, acrylic, glass-fiber, epoxy resin, plastic strings, plastic cylinders · 40 x 45 x 16 cm

Ohne Titel · 1991 · Seile, Staub, Klebstoff · ø je 96 cm
Untitled · 1991 · ropes, dust, glue · 96 cm ø each circle

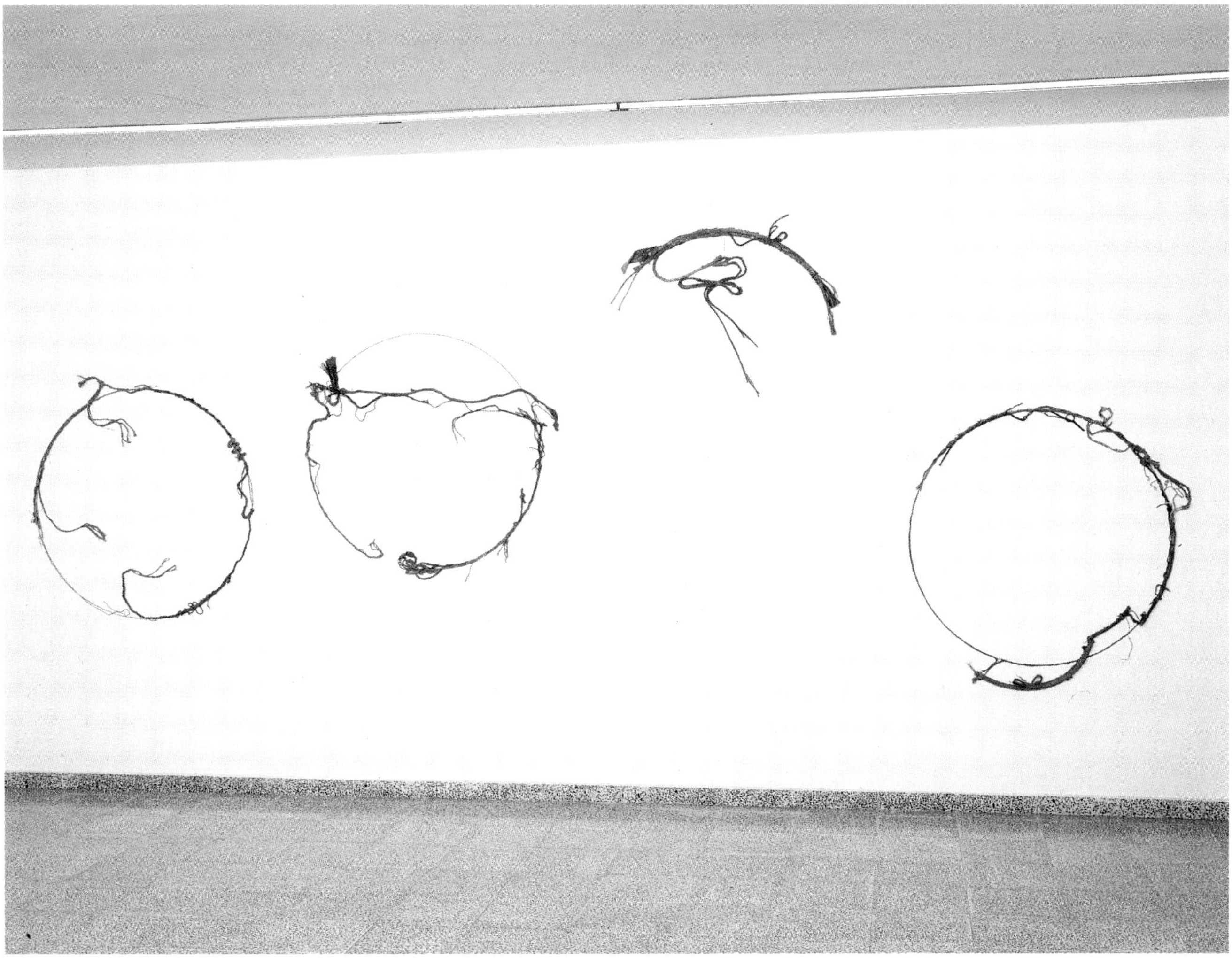

Ohne Titel · 1989 · Eisendraht, Schnur, Gips, Polyesterharz, Stoff · ø je 39 cm

Untitled · 1989 · iron-wire, plaster, polyester resin, cloth · 39 cm ø each fragment

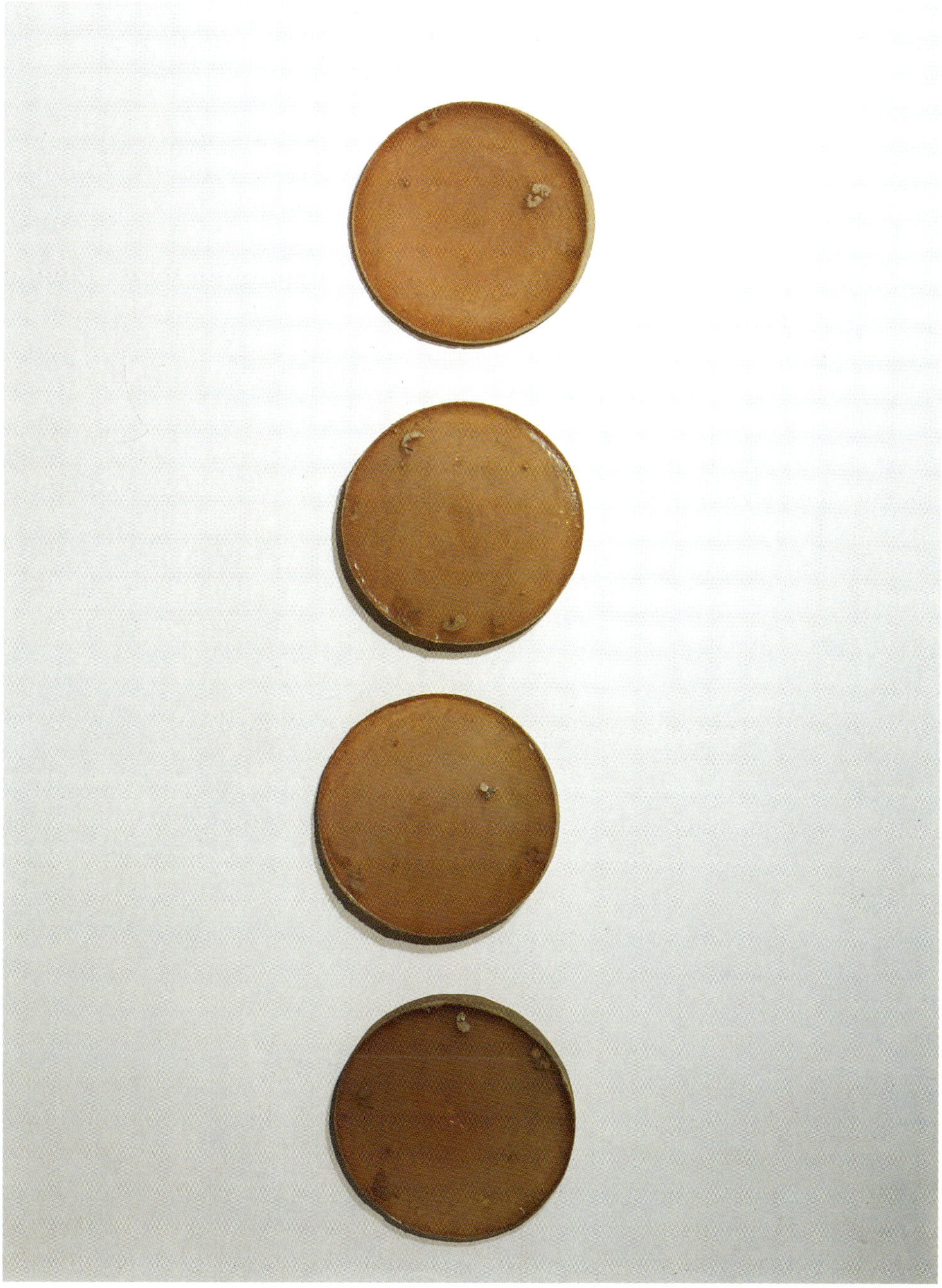

David Shvili

1953 geboren in Tel-Aviv · born in Tel-Aviv

Einzelausstellungen · One-man-Exhibitions

1982 „Die schwere Art, eine lebendige Katze zu sein“, Galerie Achad-Ha'am 90, Tel-Aviv
1983 „Objekt/Subjekt“, Galerie Achad-Ha'am 90, Tel-Aviv
1984 „Überlegungen, den Dschungel betreffend“, Galerie Achad-Ha'am 90, Tel-Aviv
1986 „Was man richten kann, was man umtauschen kann, was möglich ist“, Galerie Julie M., Tel-Aviv
1987 „Mechenaturismus und Gedächtnislücken“, Galerie Julie M., Tel-Aviv
„Mechenaturismus und Gedächtnislücken“, Galerie Meimad, Tel-Aviv
1988 „Zwischen Phänomenen und Wirklichkeit“, Galerie Julie M., Tel-Aviv
1989 Kunst-Jahrmarkt, Israel-Festival, Tel-Aviv
„Natur Nr. 2“, Galerie Julie M., Tel-Aviv
1990 „Geordnete Entropie oder Entropie“, Galerie der Künstlerstudios, Tel-Aviv
1992 In Zukunft: Kunst für eine neue Gesellschaft? Galerie der Javne-Künstlerwerkstätte, Yavneh, Kunstmuseum Mishkan le'omanuth, Ein Hod Museum Aschdod

Ausstellungsbeteiligungen · Group-Exhibitions

1984 „Das Jahr von Echad Ha'am 90“, Galerie Echad-Ha'am 90, Tel-Aviv
1985 „Neue Israelische Kunst“, Diezengoff-Zentrum, Tel-Aviv
„Gottlos sein“, Künstlerhaus, Jerusalem
1986 „Zeichnung 86“, Galerie Meimad, Tel-Aviv
„Kunst der 80iger in Israel“, Galerie Leonard Perelson, New York
1987 „Neuerwerbungen“, Israel-Museum, Jerusalem
„Künstler gegen die Besetzung“, Galerie Rega, Tel-Aviv
1988 „Frische Farbe“, Israel-Museum, Jerusalem, Tel-Aviver Museum
1989 „Aperto 90“, Biennale Venedig
Museum für israelische Kunst, Ramat-Gan
1990 Galerie der Künstler-Studios, Tel-Aviv
„18 israelische Künstler“, Wanderausstellung in West- und Ostdeutschland
1991 „Israelische Kunst – jetzt“, Tel-Aviv
1992 „Nachher – Repräsentationen des Endes in zeitgenössischer israelischer Kunst“, Universitätsgalerie der Tel-Aviver Universität

Art for a new society? In the future? · 1992 · Öl, Wachs, Pigmente, Spray auf Leinen · 197 x 207 cm

Art for a new society? In the future? · 1992 · oil, wax, pigment, spray on canvas · 197 x 207 cm

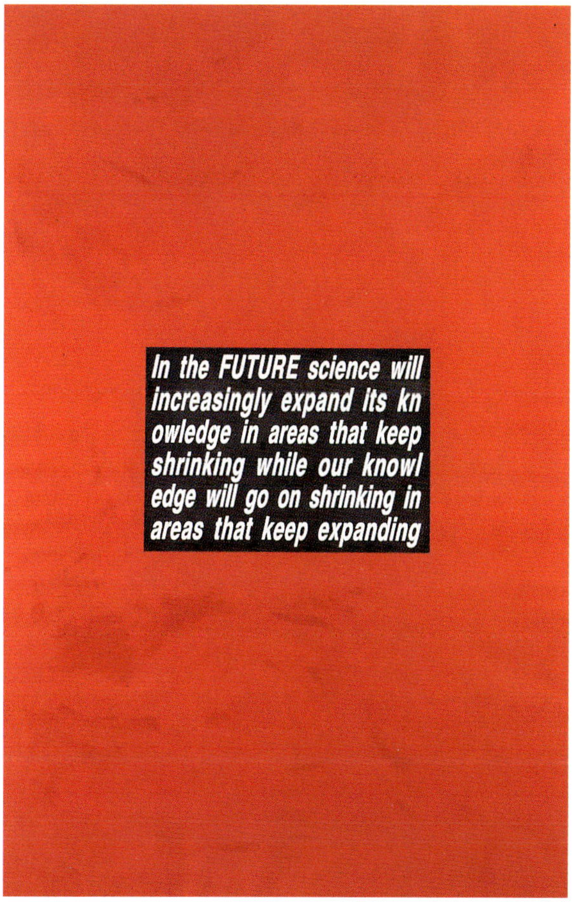
In the FUTURE science will
increasingly expand its kn
owledge in areas that keep
shrinking while our knowl
edge will go on shrinking in
areas that keep expanding

Art for a new society? In the future? · 1992 · Öl, Wachs, Pigmente, Spray auf Leinen · 197 x 207 cm

Art for a new society? In the future? · 1992 · oil, wax, pigment, spray on canvas · 197 x 207 cm

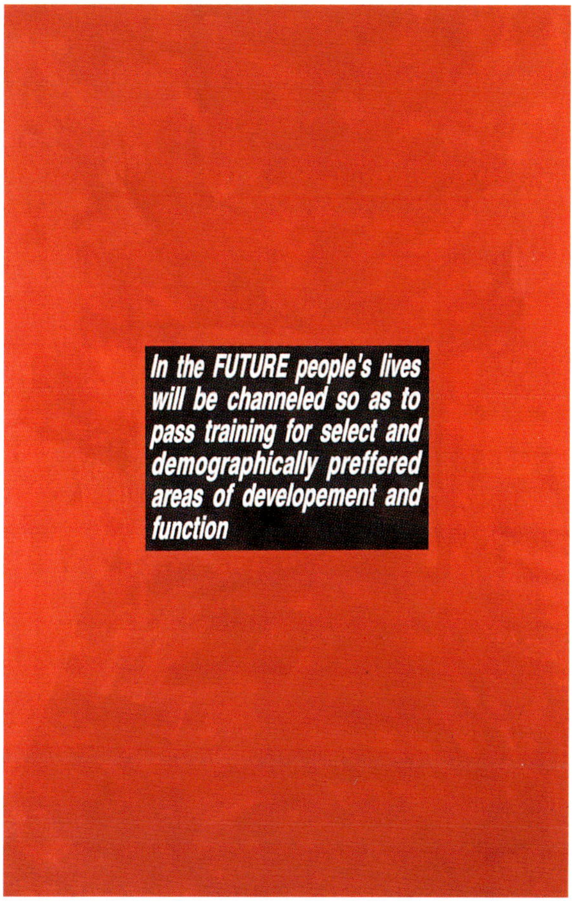
In the FUTURE people's lives
will be channeled so as to
pass training for select and
demographically preffered
areas of developement and
function

Art for a new society? In the future? · 1992 · Öl, Wachs, Pigmente, Spray auf Leinen · 197 x 207 cm

Art for a new society? In the future? · 1992 · oil, wax, pigment, spray on canvas · 197 x 207 cm

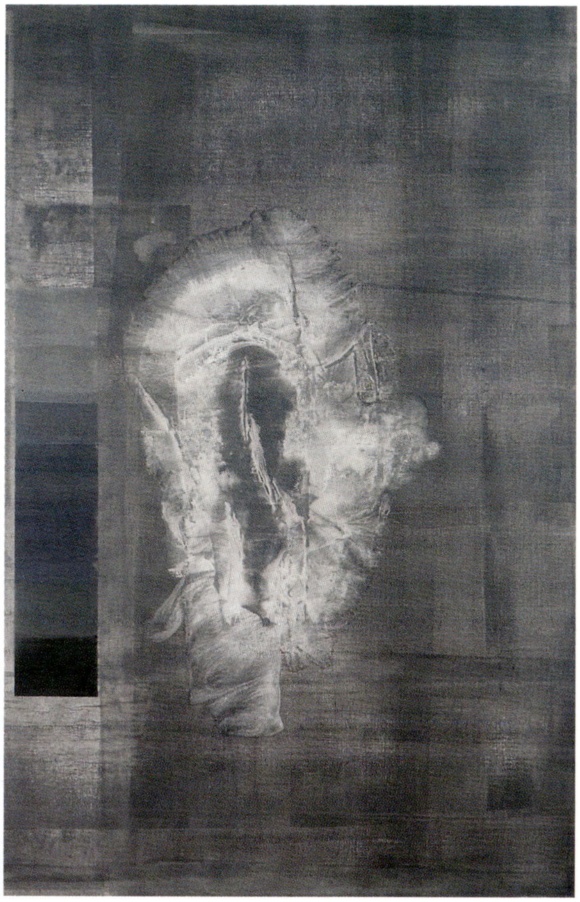

In the FUTURE art will be co
nductive to new conceptual
breakthroughs and achievem
ents in science and politics

Micha Ullman

1939 geboren in Tel-Aviv · born in Tel-Aviv

Einzelausstellungen · One-man-Exhibitions

1969 Galerie Dugit, Tel-Aviv
1971 Galerie Mabat, Tel-Aviv
1972 Galerie Sara Gilat, Jerusalem
1973 Bienal de São Paulo
1975 Galerie Mabat, Tel-Aviv
1976 Galerie Tzavta, Tel-Aviv
1977 Galerie Julie M., Tel-Aviv
Galerie Art in Progress, Düsseldorf
1979 Galerie Sara Levi, Tel-Aviv
Künstlerhaus, Tel-Aviv
1980 Museum Tel-Aviv
Biennale di Venezia
1981 Bertha Urdang Gallery, New York
1982 Galerie Noemi Givon, Tel-Aviv
Galerie Art in Progress, Düsseldorf
1985 Galerie Sara Levi, Tel-Aviv
1986 Bertha Urdang Gallery, New York
1987 Galerie Cora Hölzl, Düsseldorf
1988 Israel Museum, Jerusalem
1989 Bienal de São Paulo
1990 Neuer Aachener Kunstverein, Aachen
Nationalgalerie, Berlin
Galerie Cora Hölzl, Düsseldorf
1992 Galerie Cora Hölzl, Düsseldorf
Europäisches Kulturzentrum in Thüringen, Erfurt
1993 Givon Art Gallery Ltd., Tel-Aviv, Israel
Het Apollohuis, Eindhoven, Holland

Ausstellungsbeteiligungen · Group-Exhibitions

1987 „documenta 8", Kassel
1989 „In The Shadow of Conflict", Jewish Museum, New York
1990 „Europäische Skulptur der Zweiten Moderne", Wilhelm-Lehmbruck-Museum, Duisburg
„Construction in Process", Back in Lodz 1990, Lodz
„Chagall to Kitaj", Barbican Art Gallery, London
1991 „Dez Artistas de Israel", Museu de Arte de São Paulo, Assis Chateaubriand
„Museum und Kirche", Wilhelm-Lehmbruck-Museum, Duisburg
„Steine und Orte", Städtisches Museum Schloß Morsbroich, Leverkusen
„Israelische Kunst um 1990", Städtische Kunsthalle, Düsseldorf (et. al.)
„Place & Mainstream", Ramat Gan Museum (et. al.)
„The Presence of the Absent", University Art Gallery, Tel-Aviv
1992 „Routes of Wandering", Israel Museum, Jerusalem

Tisch Sieben · 1992 · Asphalt, Eisen · 78 x 115 x 75,5 cm
Table Seven · 1992 · asphalt, iron · 78 x 115 x 75,5 cm

Tisch Acht · 1992 · Asphalt, Eisen · 78 x 115 x 75,5 cm
Table Eight · 1992 · asphalt, iron · 78 x 115 x 75,5 cm

Tisch Zwölf · 1992 · Asphalt, Eisen · 78 x 115 x 75,5 cm
Table Twelve · 1992 · asphalt, iron · 78 x 115 x 75,5 cm

EUROCARD
0029
0001
MasterCard

Mick Jagger, Andy Warhol 1975, Leihgabe des Museums Moderner Kunst